NETWORK MARKETING SHOOTING STAR

Von 0 auf 110
im Geschäftsmodell
des 21. Jahrhunderts!

NETWORK-MARKETING-SHOOTINGSTAR

Bibliografische Information der Deutschen Nationalbibliothek:
Die Deutsche Nationalbibliothek verzeichnet diese Publikation in der
Deutschen Nationalbiografie; detaillierte bibliografische Daten sind
im Internet abrufbar über
http://dnb.d-nb.de

ISBN: 978-3-941412-96-5

Impressum
Verlag:
REKRU-TIER GmbH, München

© 2018 REKRU-TIER GmbH – All Rights Reserved

INHALT:

Ein ganz normaler Tag wie heute	5
Kontakt der außergewöhnlichen Art	7
Ein ominöses Angebot	11
Der Entschluss: das erste Ja	15
Die Network-Verlockung	18
Ablehnung von allen Seiten	25
Gegen alle: auf zum Start	29
Kopf-Hurrikan: eine andere Welt stellt sich vor	34
Überraschung – wer hätte das gedacht	39
Sturm der Entrüstung	42
Erste Versuche – erste Kunden	47
Die Bauchlandung – es klappt nicht	50
Pleiten, Pech und Schadenfreude	54
Meine Upline: Freund, Mentor & Förderer	56
Es klappt: der erste Kunde	60
Wiederholen als Mutter des Erfolgs	64
Erstes Level – kleiner Schritt zum großen Ziel	66
Aufbruch: der erste Geschäftspartner	75
Das 1. Mal die Regeln des Geschäfts spüren	82
Die nächsten Level, die ersten Drop-outs	87
Früher brauchte es Mut zur Selbständigkeit	91
Von der Neben- zur Hauptberuflichkeit	96
Duplikation: „heiliger Gral" des Durchstartens	101
Erste Convention: das Network-Leben beginnt	106
Und plötzlich ist er da: der Erfolg	111
Gefahr im Verzug: den heißen Atem im Nacken	114
Motivationkiller	120
Meetings: Lebenselixier & stetige Kraftquelle	123

True leaders are givers not takers	125
Tell your story – vor 4.500 Leuten	127
Passives Einkommen: die finanzielle Freiheit	133
Super-Gau: wenn der beste Partner geht	138
Knockout auf der Ziellinie	142
Die letzte Stufe zum Olymp	148
Vom Gespött zur Bewunderung	150
Am Ziel: Vorbild sein und Lifestyle leben	153

Ein ganz normaler Tag wie heute ...

Na klasse, hatte er nicht eigentlich um 17 Uhr Feierabend? Oh ja, und wie er dieses Wort „eigentlich" hasste. Eigentlich – das heißt doch übersetzt, dass alles schöner, besser und cooler sein sollte, als es in Wirklichkeit ist. Eigentlich wollte er schon lange zu Hause sein, eigentlich wollte er schon den Duft der Pizza im Ofen schnuppern und eigentlich wollte er schon bei seiner neuen Flamme sein, die sowieso den ganz Tag mit ihrem süßen Lächeln, den heißen Kurven, ihrem kecken Blick und den langen Beinen in seinem Kopf rumspukte. Eigentlich – ja, und eigentlich wollte er auch schon dieses Jahr schön Urlaub auf Mallorca gemacht haben, wenn da nicht das neue Sofa dazwischen gekommen wäre, die nervige Urlaubsplanung mit den werten Kollegen, zudem die neue notwendige Waschmaschine und sein Auto hatte ja auch TÜV, und daher musste das letzte Geld in sein Gefährt investiert werden. Oh man, sein Auto – eigentlich war die Kiste zu alt zum Rollen. Wenn es ein Pferd gewesen wäre, hätte er es erschießen müssen. Aber ein neuer Wagen war einfach noch nicht drin. Eigentlich ... wie ihn dieses Wort echt nervte. Und jetzt auch noch Überstunden ...

„Der Auftrag mit dem Papierkram muss unbedingt noch heute raus. Können Sie bitte nochmal schnell ....!" Ha, mal eben – und dann noch schnell. Das war auch so eine Floskel, die er liebte. Komisch, dass dem werten Chef so etwas immer kurz vor Feierabend erst einfiel. „Wenn ich Chef wäre, dann würde der Laden aber anders laufen ...!", da war er sich ganz sicher. „Da würde ich aber erstmal zeigen, was ich selber draufhabe und nicht immer nur den Ober-Kommandeur spielen!", grummelte er vor sich hin. Aber was sollte er machen? Er war doch froh, dass er nach der Lehre übernommen worden war, und nicht wie andere mal wieder auf Jobsuche gehen musste. Natürlich war sein Gehalt kein Königslohn. Aber er stand ja auch erst am Anfang seiner Karriere.

„Jeder fängt mal klein an. Was hast Du denn erwartet? Dass die ganze Welt Dich jubelnd mit offenen Armen empfängt, weil sie nur auf Dich gewartet hat? Das kannst Du Dir abschminken. Lehrjahre sind keine Herrenjahre und danach geht es erst einmal bescheiden los. Du bist doch keine Ziege. Die denkt nämlich auch immer, dass sie im Leben mit Meckern weiterkommt. Immer schön langsam, mein Sohn. Das wird schon alles. Kommt Zeit, kommt Rat ...!", hatte ihm sein Vater nach der bestandenen Ausbildungsprüfung gesagt und dabei gönnerhaft auf die Schulter geklopft.

Seine Eltern waren stolz auf ihn, dass er es geschafft hatte. Er hatte einen Job nach der Prüfung angeboten bekommen. Na prima, so wie andere zig Millionen andere auch. Morgens um 8 Uhr anfangen und abends um 17 Uhr nach Hause gehen. Eigentlich – wenn es keine Überstunden gab. Und die Zeit dazwischen? Aufpassen, dass man nicht aneckt, dem Abteilungsleiter, diesem „alles-besser-wissenden Oberlehrer" nicht in die Quere kommen, bloß nicht widersprechen, weil dann die Luft brennt und vor allem die Kaffeetasse nicht neben den PC stellen. „Denken Sie daran, das Gerät gehört nicht Ihnen, sondern dem Unternehmen. Wenn der Becher umkippt, haben wir den Salat – PC kaputt und alle Daten weg. Wer weiß, was da alles dann den Bach bei runtergeht!", klugscheißerte er ständig – und hatte neben seinem PC auf seinem Schreibtisch nicht nur seine Tasse (mit der ach so witzigen Aufschrift „Hier regiert das Recht – nämlich ICH", haha, wie lustig) stehen, sondern auch gleich die geöffnete Wasserflasche – echt konsequent ... Oh man, dieser Typ, so richtig zum gern haben.

Sei es drum. Die ausgefüllten Auftragspapiere steckte er in einen braunen Umschlag, frankierte ihn ausreichend und legte ihn in den Postausgangskasten. Die Durchschläge heftete er noch ordentlich in den entsprechenden Ordner ab und ja, jetzt merkte er es – er war mal wieder der Letzte. Jacke an, Kragen hoch, Baseball-Cap auf, PC aus – und wie heißt es so schön? Der letzte macht das Licht aus, und genau das tat er auch. Er grüßte noch kurz und freundlich, als er am Pförtner vorbei zum Ausgang ging. Der lächelte und machte einen legeren militärischen Gruß, als ob er bei der Bundeswehr Wache schieben würde. Solche Späße machte er gern und oft. Sven war ein echt Netter, meistens gut drauf, immer einen lockeren Spruch auf den Lippen und irgendwie mit sich und allem Drum und Dran im Reinen. So eine Frohnatur, die locker und gelassen durchs Leben geht ...

Kaum war er draußen, klatschten ihm die ersten Regentropfen ins Gesicht. Das hatte gerade noch gefehlt. Regen – und keinen Schirm zur Hand. Echt mein Glückstag heute…, dachte er noch und legte einen Schritt zu, um halbwegs trocken zur Bushaltestelle zu kommen. Er fuhr immer mit dem Bus zum Job, denn Parkplätze waren hier rar. Politessen, die munter Knöllchen verteilten, waren dafür umso zahlreicher zu treffen. Diese uniformierten Blutsauger waren hier permanent auf Opfersuche unterwegs. Wie oft hatte er sich schon so ein Zehn-Euro-Ticket eingefangen. Nee, nee, das war die Sache nicht wert. Dann lieber mit dem Bus fahren und genau der bog gerade um die Ecke. Er rannte los, um ihn noch zu erwischen. Vollgas! Kurze, heftige Atemstöße im Laufrhythmus, einen Fuß vor den nächsten, schneller, schneller … Aber keine Chance – die Türen schlossen schon wieder, er hörte den Dieselmotor aufbrummen und sah jetzt nur noch den Rücklichtern des Busses hinterher. Gibt's doch nicht! Verdammt! Aber jetzt musste er irgendwie doch lachen. Was für ein verkorkster Tag. „Wenn's mal läuft, dann aber richtig …!", sagte er zu sich selbst und erreichte gerade die menschenleere Haltestelle, als er eine fremde Stimme hörte:

„Hallo, darf ich Sie kurz ansprechen, denn Sie sind mir gerade positiv aufgefallen …!", hörte er neben sich jemanden sagen. Und er war sich absolut sicher, dass er bestimmt nicht gemeint sein konnte – jedenfalls nicht heute …

Kontakt der außergewöhnlichen Art

Rumms! Mit einer bunten Mischung aus Stress, angespannten Nerven, leichtem Ärger im Bauch und einer Portion Frust ließ er sich auf die Sitzbank fallen, streckte die Beine weit von sich und ließ die Augen von links nach rechts rollen. Beinahe wie aus Sehschlitzen, oder wie aus einem Periskop blickte er quasi von unten aus einem U-Boot, aus dem er den Horizont nach Schiffen absuchte. Nur dass er gerade die Stimme suchte, die er soeben gehört hatte. „Wer war hier gemeint mit ‚positiv aufgefallen'?", muss sich wohl um einen hübschen, knackigen Anblick handeln. Also nicht er, heute nicht. Mal sehen … Als seine Augen ganz nach rechts gewandert waren, sah er ihn plötzlich: Einen Typen, wie aus dem

Ei gepellt. Business-Look, nicht overstyled oder spießig. Marke: gepflegt, lässig, cool, aber nicht arrogant, ein freundliches Lächeln im Gesicht – bei dem Wetter war allein das schon eine reife Leistung. Er lehnte in seinem schwarzen Fieldjacket cool am Bus-Haltehäuschen, hatte dabei ein Bein vor das andere gestellt und die Spitze seines polierten Schuhs zeigte senkrecht auf den Boden. „Na, der ist ja drauf. Hat der die gute Laune heute gleich löffelweise gefrühstückt?", schoss es ihm durch den Kopf.

„Meinen Sie mich?", fragte er ein wenig ungläubig und verdutzt zugleich.

„Selbstverständlich meine ich Sie ...!", lachte der am Bushäuschen angelehnt Stehende.

„Ist ja niemand anderes zu sehen als wir beide ...!", grinste der Angesprochene.

„Dann müssen Sie es sein. Glückwunsch, Sie sind somit der Netteste hier im Umkreis und ja, ich habe Sie gemeint ...!"

„Danke, aber ist echt nicht mein Tag heute, sorry ...!"

„Dann wird's aber Zeit, dass es Ihr Tag wird. Und ich würde gern meinen Teil dazu beitragen. Sie sind mir nämlich wirklich eben aufgefallen, und zwar absolut positiv!"

„Wie das denn? Und überhaupt? Warum ich? Und wieso positiv ...!" Jetzt wollte er es schon etwas genauer wissen. Wieso sollte er denn jemandem aufgefallen sein, wo er doch bloß dem Bus hinterher gerannt war und zudem fetten Frust schob. Lag es an seinem Laufstil? Watschelte er vielleicht wie eine Ente oder hatte er mehr die abgefahrene Attitüde eines Sprint-Stars à la Usain Bolt? Fragen, die in Bruchteilen von Nano-Sekunden durch seinen Kopf schossen und die ihn zu guter Letzt zu folgender Frage führten: Moment mal. Was war das hier? Und was sollte dieser ganze Zauber und das komische Gerede überhaupt?

Doch er hatte den Gedanken kaum zu Ende gedacht, da sagte der Unbekannte schon:

„Kommen Sie aus der Stadt oder aus der Gegend hier?"

„Ja, ich ähhh ....!"

„Hab' ich mir gedacht. So, wie Sie zielsicher Gas geben können und hier einen astreinen Sprint hingelegt haben. Vom Feinsten! Mir gefällt es, wenn jemand etwas fast Unmögliches versucht. Den Bus, den Sie erwischen wollten, der war Ihnen soweit voraus, den hätte niemand gekriegt. Aber Sie haben es versucht,

immerhin ... Echt abgefahren – im wahrsten Sinne des Wortes. Das hat mir gefallen. So etwas imponiert mir, denn genau solche Menschen suche ich. Ich baue nämlich hier in der Gegend gerade einen neuen Geschäftsbereich eines großen, überaus erfolgreichen Unternehmens auf, das weltweit tätig ist und bin daher auf der Suche nach interessanten und grundsätzlich offenen Menschen. Männer und Frauen, die mir eben auffallen, die keine grauen Mäuse sind und in der Masse untergehen. Kurz: Jemand wie Sie! So, das war schon der schlichte Grund, warum ich Sie angesprochen habe. Ganz einfach also ... Was meinen Sie? Sind Sie offen für ein interessantes berufliches Angebot? Nicht mehr und nicht weniger. Lassen Sie uns doch einfach mal sprechen ....!"
„Ähhh, ich weiß nicht. Worum geht es denn? Was für einen Job meinen Sie? Irgend etwas verticken? Das ist eh nicht mein Ding. Und – um welche Firma handelt es sich denn? Suchen Sie denn Ihre Leute nicht über eine Online-Plattform oder so?", er ratterte die Fragen runter wie ein Maschinengewehr seine Patronenhülsen rauswirft. Rattatttattaa ... noch eine und noch eine ...
„Alles gut! Jetzt fallen Ihnen sicherlich Fragen über Fragen ein, stimmt's? Aber so ungewöhnlich es für Sie ist, dass ich Sie angesprochen habe, so außergewöhnlich ist auch unser Unternehmen. Darum schlage ich am besten vor, dass ich Sie einfach kurz anrufe, wir vereinbaren einen Termin, bei dem wir beide mehr Zeit und Ruhe haben und dann stelle ich ihnen alles im Einzelnen vor und erkläre Ihnen genau, worum es bei meinem Angebot geht. Vom Job bis zum Unternehmen. Hört sich das fair an? Ja, prima! Dann geben Sie mir doch bitte kurz Ihre Mobilnummer? 01 ...!"
„Ja, ähh, Moment, da muss ich selbst mal aufs Display sehen, ich weiß meine Nummer nie auswendig ...!"
„Ich denke, mit 01 ... lag ich schon mal ganz richtig, oder?", lächelte der freundliche Geschäftsmann. Geschäftsmann – was für ein Ausdruck? Der passte überhaupt nicht. Der Typ war vielleicht grad selber erst mal 25 Jahre jung, wenn nicht sogar jünger und strahlte dennoch eine coole Lässigkeit und Souveränität aus, wie sie für einen dynamischen, zielorientierten und pfiffigen Jung-Unternehmer typisch ist. Einer, der trotz jüngerem Alter weiß, wo es langgeht und wie die Welt sich dreht, weil er aktiv gestaltet, macht, kreativ und visionär zu Werke geht. Einmal den Daumen auf den Home-Button vom iPhone zum Freischalten halten,

ein Tipp, noch ein Tipp und schon hatte er seine Nummer aufgerufen. Man, die war aber auch kompliziert und blöd zu merken. „Macht ja auch echt einen guten Eindruck, wenn man seine eigene Telefonnummer nicht weiß. Der muss mich doch jetzt schon für komplett bescheuert halten!", schoss es ihm durch den Kopf. Und dabei hörte er sich schon in monotoner Stimme selbst seine Nummer sagen. „Die letzten Ziffern lauteten ... 5394, stimmt's?"
„Ja, stimmt!"
„Prima, danke, ich melde mich dann, morgen um die gleiche Uhrzeit. Dann haben Sie ja sicher schon Feierabend, oder, Herr ...? Also sowas, jetzt habe ich Sie noch nicht einmal nach Ihrem Namen gefragt. Meiner lautet Meier. Großes M und kleine Eier, Lenny Meier!", lachte der und hielt ihm die ausgestreckte Hand entgegen, während er mit der anderen das neuste Smartphone in die Jackentasche gleiten ließ.
Der Angesprochene sagte kurz seinen Namen, bestätigte die letzten Ziffern seiner Telefonnummer und hörte sich sagen: „Morgen ab 17 Uhr bin ich erreichbar ...!"
„Super, ich freu' mich auf unser Gespräch! War nett, Sie kennengelernt zu haben, bis morgen dann – und kommen Sie gut nach Hause!", sagte der nette Business-Typ, drehte sich rum und verschwand in der Dunkelheit.

OMG! Was bitte war das denn? War er denn nun von allen guten Geistern verlassen? Wieso sprach ausgerechnet ihn jemand an, wegen seines positiven Aussehens? Und das an so einem Tag wie heute? Und wieso hatte er dem seine Nummer gegeben? War er grad von allen guten Geistern verlassen? Hatte er grad in seinem Oberstübchen Stromausfall? Also er hatte ja schon viel erlebt, aber das war der Knaller. Mist, jetzt kannte ein wildfremder „Meier" seine Telefonnummer? Bestimmt ein Stalker? Oder vielleicht ein Trickbetrüger, einer von der ganz gerissenen Sorte. Und ausgerechnet er musste auf so einen Aufschneider reinfallen. Meier, was für ein Name, so hieß doch die halbe Republik. Ja, war er denn total gegen die Wand gelaufen? Sich von irgend so einem Typen ansprechen zu lassen und dann auch noch auf die Masche volles Pfund reinfallen?
Insgeheim wetterte er vor sich hin. Gibt's doch nicht!", fluchte er noch über sich, als gerade der nächste Bus anrollte.
Er fand einen freien Platz, lümmelte sich angenervt hin und schloss die Augen.

Ihm ging die eben erlebte Situation nicht aus dem Kopf. Aber je länger er darüber nachdachte, desto mehr wunderte er sich über sich selber, wurde aber auf der anderen Seite zunehmend gelassener. Der Typ hat meine Handynummer, na und? Was will er schon damit? Mehr als mich anrufen kann er ja nicht! Und was, wenn die Sache mit dem Jobangebot wahr war? Null Ahnung, was er dann machen sollte. Wahrscheinlich aber war das eh alles Fake und der Typ ruft sowieso nicht an. Alles nur 'ne Masche. Bleibt mal cool, Junge!", rief er sich selbst zur Raison und schüttelte trotzdem ein wenig den Kopf über sich selber.

Ein ominöses Angebot

Am nächsten Morgen saß er wieder im Bus auf dem Weg zur Arbeit. Neuer Tag, neues Glück, neue acht Stunden Langeweile und mal wieder einen auf Befehlsempfänger machen. Er sah schon wieder die feiste Visage seines Abteilungsleiters mit der hohen Fistelstimme. Nein danke – umschalten bitte, sagte er sich selber. Flink, flink, anderer Link! Er dachte an seine Lisa, seine neue Freundin. Man, wie die ihm den Kopf verdrehte. Gestern Nacht ... aber hallo! Der Funke zwischen ihnen beiden war auf der Party von Mick sofort übergesprungen. Sie hatten herzlich gelacht und hörten vom ersten Moment an nicht auf sich z unterhalten. Sie waren beide auf einer Wellenlänge, hatten in vielen Dingen die gleichen Ansichten, das merkten sie schnell. Nur beim Thema Job und Arbeitswelt, da lagen sie weit auseinander. Lisa hatte als BWL-Studentin noch den Glauben, die Welt der Wirtschaft positiv verändern zu können. Er war da als jemand, der mitten im Job stand, völlig anderer Meinung ... Kein Wunder, dass er ihr gestern abend nichts von dem ominösen Gespräch an der Bushaltestelle erzählt hatte. Wahrscheinlich hätte sie ihn für nicht ganz bei Trost gehalten, dass er einfach seine Nummer weitergegeben hatte. Jetzt, wo er wieder an die Situation von gestern dachte, kam ihm die Sache doch irgendwie spooky vor.

Der Tag plätscherte so vor sich hin und er sehnte endlich den Feierabend herbei. „Ob es wirklich Leute gab, die Bock auf das hatten, was sie den ganzen Tag über auf der Arbeit machten?", fragte er sich und drehte eine Runde um sich selbst auf seinem Dreh-Bürostuhl, während er die Arme hinter dem Kopf verschränkte. Gab es so etwas, wie Spaß im Job? Er konnte sich das nicht wirklich vorstellen. Jeden Tag den gleichen Trott – Zahlen, Haken machen, abheften. Voll der Stumpf-Sumpf! Was sollte denn daran Spaß machen, dass man ständig gesagt bekam, was man zu tun und auch zu lassen habe? Wenn er nur an die Blicke seines Abteilungsleiters dachte, wenn er mal ein oder zwei Minuten zu spät aus der Mittagspause kam. Oh man, wie so ein Affen-Dompteur, der gleich Stock und Peitsche schwang, lauerte der mit eisernem Blick auf seine 20-Euro-Uhr – und das war bei Weitem das Modernste an diesem Pullunder-Träger überhaupt. Wenn man sich das mal vorstellt: Da wird mir vorgeschrieben, wann ich Hunger haben darf. Von 13 bis 14 Uhr. Und wenn ich erst später Appetit bekomme? Pechsache! Was für ein Schwachsinn! Genauso wie mit seinem Urlaub. Erst kamen die Mütter, dann die Väter, dann die älteren Kollegen, die ja eh auf alles ein automatisches Anrecht hatten, weil sie sich hier schon lange haben knechten lassen und daher immer zuerst an die Reihe kamen. Komisch, er wurde nicht gefragt, wann er Urlaub machen möchte. Ausgerechnet die Frauen in seiner Abteilung – die immer einen auf verständnisvoll und auf Mitleid machen, die angeblich ja so sozial sind. Aber nur, so lange sie selbst nichts dafür tun mussten und es sie selber nicht betraf. Und die werten toleranten Kollegen männlicher Bauart? Die waren doch auch nur so tolerant, solange man immer brav nickend ihrer Meinung entsprach. Das hatte er schon lange rausgefunden. Bloß nichts gegen sie sagen, bloß nicht anderer Meinung sein und bloß keine Kritik loslassen, sonst war nämlich Alarmstimmung angesagt und allgemeines Männer-Gezicke. Also bei genauerer Überlegung: Irgendwie war das doch hier schon mehr Knast als Job. Aber andererseits, was beschwerte er sich? Immerhin hatte er eine Stelle. Und – woanders ging es doch genauso zu. Seine Kumpels hatten ihm doch auch schon so das Leid geklagt und sich in Rage geredet. So ist das halt, tröstete er sich selbst. Durchhalten und dann kommt bestimmt bald mal eine Gehaltserhöhung, irgendwann mal, und das Sackgesicht von Abteilungsleiter wird auch nicht ewig bleiben. Dann würde die Bahn frei sein für ihn und er würde alles besser und richtiger machen. Wie heißt es so schön? Rom wurde ja auch nicht an einem Tag erbaut. Also, Geduld haben, lautete sein aktuelles Motto, denn bis zur Rente hatte er ja noch ein paar Jahre – leider.

Mit seinem Kollegen Alex ging er gerade die Treppen runter Richtung Ausgang. Auf in die abendliche Freiheit, den Feierabend genießen, als sein Handy klingelte. „Deine Hose ruft!", lachte Alex und zwinkerte ihm verschmitzt zu. Denn er wusste genau, warum sein Kollege so schnell nach Hause wollte und wer dort auf ihn wartete.

Ein Blick aufs Display, ein kurzes Zögern. Die Nummer, die aufleuchtete, kannte er nicht. Oder war das etwa …? Das gab es doch nicht, war das tatsächlich …? Er schaute seinen Kollegen neben sich an, dann wieder zurück auf das brummende Handy, das zusätzlich laut „Echolot-Geräusche" als Ton-Signal von sich gab und nahm das Gespräch an, während er sich zugleich von seinem Begleiter abwendete. Der hatte schon verstanden, hob die Hand zum Gruß und schlenderte weiter zum Ausgang.

„Ja, hallo?"
„Einen schönen guten Tag, hier ist Meier. Lenny Meier. Ich hatte Sie gestern …!"
„Ja, ja, ich weiß …!", sprudelte es fast schon spontan aus ihm raus. Tatsächlich, hatte es der Typ von gestern doch wirklich wahr gemacht und meldete sich. Und dazu auch noch fast pünktlich.
„Ich hoffe, Sie sind gestern gut nach Hause gekommen – ohne weiteren Spurt!", lachte Lenny in den Hörer.
„Ja, passt schon. War alles ganz entspannt!"
„Bestens, so soll es sein! Ich hatte Ihnen ja versprochen, dass ich mich melde und wir dann einen Termin ausmachen. Und ich halte mein Versprechen. Wann passt es Ihnen denn besser? Morgen, also Mittwoch oder lieber Freitag? 17.30 oder 19 Uhr? Ganz wie es für Sie besser ist!", bot der Anrufer entgegenkommend an.
„Morgen ist schon okay. Das passt. Und wo?"
„Damit Sie keine Umwege machen müssen – was halten Sie von dem Café schräg gegenüber von der Bushaltestelle, wo wir uns gestern kennengelernt hatten? 17.30 Uhr?!"

„Ja, okay, geht klar!"
„Super, dann sehen wir uns morgen, 17.30 Uhr im Café. Und wenn Ihnen etwas wider Erwarten dazwischenkommt, dann wäre ich Ihnen für eine kurze Nachricht dankbar, am besten via WhatsApp. Meine Nummer haben Sie ja jetzt! Ich freu' mich auf Sie und unser Gespräch morgen, bis dann ...!"
„Tschüs dann ...!", sagte er noch und starrte wie paralysiert auf sein Handy-Display, dass gerade wieder schwarz wurde. Hatte er es wirklich getan? Hatte er zugesagt? Er konnte es nicht fassen, war aber ebenso ein bisschen aufgekratzt, innerlich aufgewühlt und irgendwie machte sich ein Hauch guter Laune in ihm breit. Warum eigentlich auch nicht? Auf der einen Seite war ihm natürlich ein wenig mulmig zu Mute. War ja auch alles ein bisschen kurios und merkwürdig. Auf der anderen Seite war er ebenso gespannt. Warum sollte er nicht auch mal Glück haben? Immerhin war er Lenny Meier doch gestern positiv aufgefallen. Na klar, eigentlich war er doch ein echt cooler Typ, warum sollte er dann nicht auch anderen positiv auffallen? Da sprach doch null und nichts dagegen. Unterschrieben hatte er auch nichts, darum bestand auch keine Gefahr, plötzlich eine Waschmaschine vor der Tür stehen zu haben, für die er bezahlen müsste. Also, locker bleiben, alles senkrecht!

Und doch war er hin- und hergerissen. Die eine Stimme in seinem linken Ohr sagte ihm – auch während der anschließenden Busfahrt nach Hause –, dass er den Termin natürlich sausen lässt und die Sache abhakt. Und zwar als unseriösen Schwachsinn. Die Stimme in seinem rechten Ohr redete ihm hingegen gut zu. „Mach' das bloß, wer weiß, wofür das gut ist?", hörte er sich innerlich sagen. Er kannte diese Situation. Ähnlich war es ihm damals mit seinem Ausbildungsplatz gegangen. Er hatte die Auswahl zwischen zwei Angeboten. Auch damals wusste er partout nicht, was er machen sollte. Jeder, den er um Rat fragte, sagte etwas anderes, so dass er am Ende noch verwirrter und unentschlossener war. Nur sein Opa war damals cool. Der sagte ihm, dass er die Entscheidung allein treffen musste, da es auch nur ihn allein betraf. Denn er würde ja dort arbeiten gehen und niemand anders. Stimmt, da hatte sein Großvater aber sowas von Recht mit. Und mit dem Gespräch morgen war es doch irgendwie genauso. Was hatte er zu verlieren?

Nichts! Aber, und darüber war er sich im Klaren: Klappe halten! Er würde erstmal niemanden davon erzählen – selbst seiner Freundin und seinen Eltern nicht. Oder vielleicht doch, nur ein bisschen vorab? Mal sehen ...

Der Entschluss: das erste Ja

„Hallo, aufwachen, ich bin's!", lachte seine Freundin und wedelte sanft mit der Hand vor ihm. „Alles klar bei Dir? Du träumst ja mit offenen Augen. Hoffentlich von mir ...!", grinste sie und stupste ihn keck mit ihrer süßen Stupsnase an seine Nasenspitze. Er stellte den Kaffeebecher ab und lächelte zurück: „Klaro! Alles gut. War nur mit den Gedanken grad woanders!", entgegnete er und sah ihr zu, wie sie genüsslich und verführerisch zugleich den Löffel mit Nougatcreme am Frühstückstisch ablutschte.

Er hatte unruhig geschlafen, komische Sachen geträumt. Der Termin heute. Schon wieder dachte er daran. War es richtig, dass er zugesagt hatte? Oder hätte er nicht viel lieber die Sache im Keim ersticken und dem Typen, alias Lenny Meier, absagen sollen? Ach was, er würde da heute abend hingehen, sich mal anhören, was der ihm zu erzählen hatte, und dann konnte er ja immer noch die Angelegenheit beenden. Basta, so wird's jetzt gemacht, nahm er sich fest vor.

Leichter gesagt, als getan. Denn auch als er eine gute Stunde später am Schreibtisch saß, schlugen die Gedanken in seinem Kopf Purzelbaum. Ein Hin und Her. Er sollte doch froh sein, einen guten, sicheren Job zu haben. Warum beschwerte er sich? Das war doch alles ganz normal hier. Niemand hatte auf der Arbeit Kollegen und Vorgesetzte, die alle lieb und zahm waren. War doch völlig normal. Da musste jeder durch. Auch sein Vater hatte ihm mal erzählt, was er so alles hatte erdulden müssen, um nach gut 20 Jahren da hinzukommen, wo er jetzt war. Und wo war er? Nach all der Zeit hatte er es zum stellvertretenden Ressortleiter in seiner Firma gebracht. Immerhin. Er war die Karriereleiter zwar nicht so schnell hochgeklettert, wie er sich das gewünscht und einst vorgestellt hatte, aber wie gesagt – immerhin. Jeden Monat wurde pünktlich sein Gehalt überwiesen, die Wohnung war für seine Eltern ausreichend und das Auto war ein guter deutscher Mittelklassewagen. Okay, es war kein Porsche, aber ein solider Opel. Und überhaupt – Porsche war doch auch nur der VW der reichen Leute. Er musste grinsen. Guter Spruch. Besser als seine alte Kiste auf alle Fälle, auch der Opel seines Vaters. Aber das würde schon werden mit ihm. Geduld haben, sagte er sich selber.

Trotzdem: Während er die Zahlentabellen durchging, hier und da seine Haken an den Rand setzte und dann die Buchungsbeträge in die Maske auf dem PC-Bildschirm eingab, wusste er zugleich, dass dieser Job von Erfüllung, Berufung und Engagement weit entfernt war. Nein, sogar sehr weit. Und in 20 Jahren? Da würde er wohl die Haken von anderen kontrollieren, auch nicht gerade der Oberknüller eines Berufslebens. Aber immerhin würde er dann bestimmt den Wagen „made in Bayern" fahren, mit dem er schon länger liebäugelte. Der war zwar finanziell derzeit nicht drin – noch lange nicht – aber ein paar Ziele muss man ja haben. Er auch!

Der Tag plätscherte so dahin. Immer wieder musste er an seinen Termin denken. Der ließ ihn einfach nicht los. Und er malte sich dabei aus, was Lenny Meier ihm wohl anbieten würde. Sicherlich eine andere Stelle als Sachbearbeiter. Aber mal sehen, vielleicht war der Bereich ja ein anderer, ein spannenderer? Eventuell etwas mit Autos? Oder mit Reisen? Mit Immobilien? Wer weiß, aber dafür wohl nicht so sicher wie sein Laden. Den gab es ja immerhin schon knapp 70 Jahre. Familienbetrieb, grundsolide, erzkonservativ. Der Chef des Unternehmens war ein typischer Schlipsträger, Ende 60, immer in grau gekleidet. Er hatte ihn als Azubi nur einmal persönlich kurz kennengelernt. Na ja, was heißt schon kennengelernt? Er hatte ihm nach der bestandenen Abschlussprüfung einmal die Hand geschüttelt, als dieser ihm gratuliert hatte. Und das war es auch schon. Ansonsten sah er ihn fast jeden Morgen mit seiner Stuttgarter Limousine, klar, die große Oberklasse, und natürlich in silber-grau, auf den Hinterhof fahren. Ach ja, Chef sein, muss schon schön sein, dämmerte er so vor sich hin. „Nicht einschlafen, das können Sie zuhause, hier wird gearbeitet, und zwar voll konzentriert!", keifte sein

Abteilungsleiter zu ihm rüber. „Oder sind Sie unterfordert?", setzte der gleich noch einen drauf.

„Mach Deine Haken und lass andere in Ruhe, schoss es ihm durch den Kopf und dabei lächelte er dem „Vorturner" entgegen und tat so, als ob er sich sofort wieder in die Arbeit vertiefen würde. Der Kerl allein war es schon wert, dass er heute abend nach Feierabend ins Café gehen würde, um sich mit Lenny Meier zu unterhalten. Ein Job ohne diese Dauer-Aufpasser und Einpeitscher – das wäre schon was wert, dachte er bei sich und blickte auf die Uhr. Noch eine Stunde, dann würde er sich anhören, was der mysteriöse Meier ihm zu sagen hätte. Wer weiß, was für eine Chance da lauerte? Und plötzlich fiel ihm der weise Spruch ein, den er mal während seiner Ausbildung in einem Buch über Arbeitspsychologie gelesen hatte: Die Dinge, die wir später bereuen, sind nicht die Fehler die wir gemacht haben, sondern die Chancen, die wir nicht ergriffen haben.

Yes, das stimmte. Da war was dran und genau deswegen würde er gleich den Termin wahrnehmen. Dennoch – vorsichtshalber checkte er noch einmal auf Facebook, ob er einen Lenny Meier dort finden würde. Kurz gab er unter der Suchfunktion den Namen ein und – bingo. „Lenny Meier – Chancenverteiler & Network-Professional" stand da. Und dazu jede Menge Fotos von gut gelaunten Menschen, von schicken Autos und einem starken Lifestyle. Beeindruckend! Und damit war für ihn klar: Mehr als eine Chance konnte es nicht sein, aber auch auf keinen Fall weniger. Das war wie ein Lottoschein, auf dem er die richtigen sechs Zahlen angekreuzt hat, aber diesen dann nicht rechtzeitig abgegeben hat, nur weil er glaubte, eh nicht zu gewinnen. „Stell' Dir das mal vor. Du hast einen Sechser im Lotto und kriegst die Kohle nicht, weil Du Deinen Schein nicht eingelöst hast. Ich würde mich tagelang selbst ohrfeigen!", sagte er zu sich selbst und setzte sich automatisch kerzengerade mit aufrechtem Rücken vor seinem Monitor hin. Bereit! Bereit für das Gespräch und für das, was ihm da vorgestellt werden würde.

Die Network-Verlockung

„Kommst Du noch mit? Wir wollen mit ein paar Kollegen noch eine ‚Tasse Pils-Schaum' zu uns nehmen!", lachte Alex und zog sich den freien Stuhl neben dem Schreibtisch heran. Im gleichen Moment hob er die Hände: „Okay, okay, ich weiß schon. Deine neue Liebe wartet, stimmt's? Dich hat's ja diesmal richtig erwischt. Die hat wohl echt den Kopf verdreht, was? Aber, kein Problem, kann ich verstehen. Beim nächsten Mal bist Du aber wieder dabei, oder?", zwinkerte Alex, der mit ihm zusammen die Lehre hier im Unternehmen begonnen und erfolgreich absolviert hatte. Sie hatten sich im Laufe der Zeit angefreundet und hatten schon viel gemeinsam erlebt und so manche Nacht zum Tag gemacht. Alex war immer gut drauf, immer gut gelaunt und sah immer alles positiv. Bei dem war das Glas Wasser immer halb voll und Probleme kannte der gar nicht. „Es gibt für alles eine Lösung!", hatte Alex mal gesagt. Dumm klang das nicht.

Er mochte seinen Kumpel und war kurz davor in Versuchung zu geraten, ihm von seinem anstehenden ebenso aufregenden wie geheimnisvollen Termin zu erzählen. Aber er biss sich gerade noch auf die Zunge und sagte nur: „Beim nächsten Mal bin ich dabei. Versprochen! Aber, du hast es erkannt. Heute wartet jemand anderes auf mich, Du weißt schon …!", sagte er leise und zwinkerte mit dem rechten Auge. Oh ja, Alex wusste genau, was Sache war. „Na, dann – gib Dein Bestes!", sagte er, klopfte seinem Freund auf die Schultern und entschwand Richtung Feierabend, ein paar Kollegen und Kolleginnen mit im Schlepptau …

Puh, die Situation war gemeistert. Alles glatt gegangen. Heute war es mal ganz gut, dass er mit der Letzte im Büro war. So war er zumindest sicher, dass er auf dem Weg zum Treffpunkt keinen mehr aus seinem Unternehmen traf und unangenehme Fragen beantworten musste. Er hörte schon neugieriges Gerede. Die Leute hatten eh die dumme Angewohnheit, immer dann was zu sagen, wenn sie lieber mal besser den Mund halten sollten. Sprechverbot für Ungefragte – wie in der Schule früher. Das war eigentlich gar nicht so schlecht. Jetzt zumindest wäre es mehr als angebracht gewesen.

Diesmal nahm er nicht die Treppen runter zum Ausgang, sondern den Fahrstuhl. Der Grund war nicht seine Bequemlichkeit, sondern der im Lift befindliche Spiegel. Der gab ihm die Chance zu einem kurzen Optik-Check-up. Hemd sitzt, war sauber, Jacke ebenso und die Haare waren eh zu kurz, um ungekämmt auszusehen. Schnell rieb er noch abwechselnd den Spann seiner Schuhe am jeweils anderen Hinterbein, um noch ein bisschen Glanz zu errubbeln und schon landete er in der Tiefgarage seiner Firma. Das passte super, denn so lief er auch dem Pförtner nicht über den Weg. Wenngleich der eh nichts gesagt hätte. Aber – man weiß ja nie …

Ein wenig aufgeregt war er jetzt doch schon. „Bleib cool!" ermahnte er sich selbst. „Alles easy, jetzt bloß nicht nervös werden. Geht doch um rein gar nichts. Ich hör' mir an, was der Typ zu erzählen hat und dann sehe ich weiter. Ich wette, das ist eh ein unseriöses Ding, was der mir da vorschlagen wird. Überhaupt, so ein junger Typ, nur wenig älter als er selbst. Was soll der schon in einem Unternehmen zu sagen haben? Wahrscheinlich prahlt der nur rum und außer heißer Luft kommt da nicht viel bei raus!" In seinem Kopf schwirrte es und die Gedanken zischten nur so durch die Hirnwindungen. Zwar sah Lenny Meier nicht so aus, als ob er auf die schiefe Bahn geraten sei. Aber andererseits – wie sah so einer aus? Vielleicht war das ja nur eine Masche, sich so ein bisschen rauszuputzen und dann auf Opfersuche zu gehen. Als Blender andere Leute ködern. Einen auf nett machen, der liebe Charming-Boy von nebenan, und dann krumme Dinger drehen. Aber wie sollte das wiederum gehen? Wenn er ihm unsaubere Ideen vorstellt, würde er eh aufstehen und sofort das Café verlassen. Das war ja wohl klar.

Mit jedem Schritt stieg die innere Spannung. Sein Herz pochte. Ein, zwei Mal zog er sich die Jacke zurecht, Hände aus den Hosentaschen und dann war er da: „Café Freedom" – was für ein passender Name, dachte er noch und öffnete die Tür, wobei gleich ein Buzzer-Sound erklang. Die Bedienung, Marke „Curvy Model" hinter dem pink neonbeleuchteten Tresen, in dem Kuchen- und Gebäckstücke in ungewöhnlichen Formen angeboten wurden, lächelte und empfing ihn mit „Hello, welcome to the Café Freedom …!"
„Hi, ich bin hier mit jemandem verabredet!", antwortete er mit bravem Unterton.

„Ach so, gerne, sicher nebenan in unserem Coffee-Pool. Einfach dort entlang, bitte!", sagte sie und streckte richtungsweisend nach rechts die Hand aus. Und nur nach wenigen Schritten sah er ihn schon am Tisch sitzen, einen Becher Latte Macchiato oder etwas ähnliches vor sich stehend. Lenny Meier – da saß er, bereit, wie ein Raubtier zum Sprung. Oder doch eher harmlos und einfach nur nett? „Du wirst es gleich erleben!", sagte er sich insgeheim.

Lenny erblickte ihn, lächelte freundlich und erhob sich umgehend, um ihn zu begrüßen. „Guten Abend. Ich freue mich Sie wiederzusehen. Toll, dass es geklappt hat und dass Sie sich etwas Zeit nehmen. Wie war Ihr Tag?"
„Ganz okay, aber nicht wirklich aufregend!"
„Mögen Sie es denn lieber aufregend und mit Action?"
„Zumindest wäre ein bisschen Abwechslung nicht schlecht. Macht den Tag interessanter und die Zeit geht schneller rum!"
Ups – das hätte er wohl lieber nicht sagen sollen. Hörte sich ja an, als ob er nur das Leben mit Tagen anstatt die Tage mit Leben füllen würde und lediglich auf den heiß ersehnten Feierabend warten würde. Jedenfalls zeugt das nicht von einer guten Arbeitseinstellung. „Man, pass auf, was Du sagst!", ermahnte er sich selbst und lächelte Lenny Meier erwartungsfroh an.

Die beiden gerieten ein wenig ins lockere Plaudern. Autos, Wetter, Job, Urlaub – Lenny war ein angenehmer Gesprächspartner und vor allem ein interessierter Zuhörer. Schon allein deshalb ließ die Aufregung nach und ihn umgab ein wirklich gutes Gefühl. Und irgendwie – er wusste auch im Nachhinein nicht wirklich wie – hatte Lenny den Dreh auf den Job hinbekommen. Hatte mitbekommen, was ihn nervte, was er wollte, welche Ziele er hatte. Na ja, ein paar harmlose Träumereien. Er wusste, das Leben ist kein Wunschkonzert, aber trotzdem – den einen oder anderen Wunsch und Traum, den hatte er und das hatte er auch gerade erzählt. Und genau darauf ging Lenny Meier auch ein, erklärte ihm, dass Ziele und Visionen wichtig seien und dass er genau aus diesem Grunde in seinem Unternehmen tätig sei. Das Tolle daran, er hätte sich die Tätigkeit erst einmal angesehen, sie ausprobiert – ohne seinen ursprünglichen Job gleich zu kündigen.

Wie beim Autokauf – erst eine Testfahrt und dann bei Gefallen „all in zu gehen". Lenny machte deutlich: „Welches Unternehmen bietet so etwas an und zeigt sich von vornherein so offen und transparent? Kennen Sie eine andere Firma, die Ihnen quasi einen Arbeitsplatz erst einmal zum Probieren anbietet, bevor sie sich dafür oder dagegen entscheiden? Ich nicht. Wir sind nämlich keine Mogelpackung, sondern legen Wert auf Klarheit, Wahrheit und Offenheit. Ich würde sagen, fairer geht es nicht: Sie testen uns, und wir schauen, ob Sie zu uns passen!"

Dann erzählte er von einer nebenberuflichen Tätigkeit, bei der man sich selbst ein eigenes Geschäft aufbauen könne – neben dem eigentlichen Hauptjob. Natürlich komplett mit freier Zeiteinteilung. Die Verdienstmöglichkeiten hörten sich dabei fast zu schön an, um wahr zu sein. Lenny geriet regelrecht ins Schwärmen, was da alles möglich wäre und vor allem betonte er, würde seine Branche voll auf die Zukunft setzen. „Wir sind schlicht und einfach unersetzlich, denn wir arbeiten mit Menschen und für Menschen. Quasi von Mensch zu Mensch, wenn man so will!", lachte er und fügte hinzu: „Wer kann das schon von sich sagen? Gerade heutzutage? Wo doch durch die Technik und Digitalisierung so viele Jobs überflüssig gemacht werden. Überlegen Sie mal, wie viele Berufe und ganze Branchen es heute schon gar nicht mehr gibt und welche mehr und mehr zurückgedrängt werden. Wir alle machen Onlinebanking – wer braucht da noch einen Bankberater? Wir schließen unsere Versicherungen online ab oder über irgendwelche Vergleichsportale. Berater? Fehlanzeige, braucht niemand mehr. Einkaufen und bei der Kassiererin zahlen? Das ist morgen schon bald Geschichte. Immer öfter muss man doch im Supermarkt, im Baumarkt oder im Kaufhaus schon selber seine Waren scannen und zahlen. Und in den USA hat Amazon jetzt die ersten Supermärkte eröffnet, bei denen Sie etwas aus dem Regal nehmen und es wird automatisch nachgefüllt. Verkäuferinnen, Lageristen, Kassierer? Machen Sie lieber heute noch ein Foto von denen oder noch besser – ein Selfie mit denen mit drauf, damit Sie ihren Kindern beweisen können, dass es solche Jobs mal gab! Aber wir, nein, wir bleiben. Ohne uns geht rein gar nichts. Wir sind Wasser, Kraft und Power auf die Mühlen der Wirtschaft, denn wir werden gebraucht, schaffen Job, geben Chancen und helfen anderen Menschen!", betonte Lenny voller Stolz und Überzeugung.

Im weiteren Verlauf des Gesprächs erklärte er etwas über Teamaufbau und Teambuilding, über Netzwerke im Online- und Social Media-Bereich, aber auch über den direkten menschlichen Kontakt. Über Beratung, Empfehlungen, über Teamwork und über große Ziele. Nein, keine großen, sondern über ganz große Ziele. Er berichtete aber ebenso über tolle Partys, über aufregende Reisen und vor allem über tolle Menschen im Unternehmen, die insbesondere zwei Dinge einen: Einerseits die Liebe und das Engagement zu dem, was sie tun und andererseits zur Aufgabe, nämlich anderen Menschen zu helfen. „Wir tun anderen Gutes, helfen Ihnen bei bestimmten Herausforderungen. Das ist unser Job. Die haben ein Problem und wir haben die Lösung. So einfach ist das. Und das macht nicht nur Spaß, sondern das gibt einem ein unglaublich gutes Feeling. Während andere Leute von Nächstenliebe und Unterstützung sprechen, sind wir schon draußen und handeln. Und das Beste: Damit verdienen wir alle sogar richtig gutes Geld, ohne anderen dabei zu schaden oder etwas wegzunehmen. Wir geben und bekommen dafür entsprechend zurück. Toll, oder?", sagte er und dabei strahlte ihm die Freude und die innere Überzeugung quasi derart aus jedem Winkel und aus jeder Pore, dass man fast eine Sonnenbrille wegen Verstrahlungsgefahr hätte aufsetzen müssen.

„Ja, ich bin glücklich ...!", freute sich Lenny Meier – und er glaubte ihm voll und ganz. Da gab es keine Zweifel. Der Bursche war mit sich, seinem Job, seinem Leben und seinem Umfeld im Reinen. Da schien alles zu passen. „Und jetzt suchen Sie den berühmten Haken an der Sache, stimmt's?", grinste er ihn offen an. „Ja, wo ist er denn? Wo ist die Falle, die Falltür? Und Sie haben recht – es gibt eine. Denn um alles wirklich so richtig von Grund auf über uns zu erfahren, um sich wirklich einen ganz tiefen Einblick zu verschaffen und alles so richtig zu verstehen, dafür wäre es überaus sinnvoll, wenn Sie unsere Geschäftspräsentation kommenden Samstag besuchen würden. Da sind alle unsere Top-Führungskräfte versammelt und die stehen Ihnen Rede und Antwort. Noch viel besser, als ich das kann. Sie erfahren alles zu unserer Branche, den Produkten, mit denen wir arbeiten, den Aufgaben und der langfristigen Opportunity, können über alles und an jeden Fragen stellen. Und dabei geht das auch noch ganz locker zu. Ein paar leckere Häppchen, Softdrinks, eben ganz lockere Atmosphäre und Sie kriegen wirklich viel mit – vor allem, wie, wodurch und wem wir helfen. Und abends machen wir noch ein bisschen Party. Das ist immer ganz nett, coole Stimmung, coole Leute natürlich die noch cooleren Drinks!", lächelte er ihm zu. „Sie wären genau am richtigen Ort, das sehe ich Ihnen an, denn Sie lieben es doch sicher, anderen zu helfen und Nützliches zu tun. Dabei aber dennoch Spaß haben und plötzlich wären Sie gar nicht mehr so froh, wenn der Tag schnell vorbei gehen würde, weil das, was wir tun, so genial und aufregend ist, dass man gar nicht genug kriegen kann – und Ihnen würde es genauso gehen. Da bin ich mir sicher. Vor allem, wenn darüber hinaus auch noch die Geldbörse klingelt!"

Er hatte vieles erwartet, sich regelrecht verrückt gemacht. Was war ihm nicht alles durch den Kopf gegangen – auch in der Nacht zuvor, als er nicht hatte schlafen können. Mal war er sich sicher gewesen, dass er einem Schlitzohr auf den Leim gegangen sei, dann hatte er sich wieder ausgemalt, wie Lenny Meier ihn lediglich für ein Konkurrenzunternehmen von seinem jetzigen Arbeitgeber abwerben wollte. Beim nächsten Gedanken hatte er sich schon in einem Callcenter sitzen sehen, um irgendwelche billigen Weine zu verhökern. Und dann war er wieder dabei sich vorzustellen, wie er einfach ein neues, gutes Jobangebot offeriert bekam. Aber sowas? Was war das denn? Jetzt plötzlich ging es um ein zweites Standbein, arbeiten von zu Hause aus per Homeoffice und um Netzwerkaufbau? Um Hilfe für andere? Es ging um eine Geschäftsgelegenheit, die man ausprobieren kann und bei der man angeblich sogar finanziell unabhängig werden und passives Einkommen verdienen konnte. Und irgendwie war es auch ein Weg, um selbstständig zu werden, seine eigene Firma aufzubauen und vom Geschäftsmodell des 21. Jahrhunderts war die Rede? Er holte tief Luft und wollte gerade sagen, dass es so etwas gar nicht gäbe. Aber er schluckte seine Worte runter, guckte Lenny Meier beinahe ungläubig an und sagte nur: „Echt? Das meinen Sie ernst, was Sie eben alles erzählt haben? So etwas gibt's doch gar nicht!"
„Das Schöne ist, ich kann es Ihnen beweisen und genau das tu' ich gern. Kommen Sie zu unserer Geschäftsveranstaltung und überzeugen Sie sich selbst, dass jedes Wort, das ich Ihnen gesagt habe, der vollen Wahrheit entspricht. Sie werden es nicht bereuen, im Gegenteil!"

„Aber wenn das so ist, dann müsste doch jeder diesen Job machen!"
„Ja, stimmt. Sie haben Recht, aber bei uns kann ja nicht jeder mitmachen. Sondern nur die, die uns halt so positiv aufgefallen sind. Jemand wie Sie eben …!", antwortete Lenny Meier.
Boing! Treffer! Versenkt! Die Antwort saß und machte ihn regelrecht sprachlos.

Knapp eine dreiviertel Stunde war seit der Begrüßung vergangen. Und jetzt standen sich beide gegenüber, reichten sich die Hände und er hörte sich wie in Trance sagen: „Ich komme, ich komme gern und bin riesig gespannt, was ich bei Ihnen auf der Präsentation alles noch erfahren werde!"
„Sehr gut, dann sehen wir uns wieder. Das freut mich, denn ich bin natürlich auch da und bin Ihr persönlicher Ansprechpartner, wenn's recht ist! Mein persönlicher Service …!", lachte er. „Das ganze Care-Paket, nur für Sie!"
„Abgemacht, ich bin dabei!", strahlte er und nahm Lenny Meiers Visitenkarte entgegen – Name, Telefonnummer, E-Mailadresse und dazu den Ort der Geschäftspräsentation am nächsten Samstag. Ein Hotel am Rande der Stadt. Er kannte es, ein ziemlich nobler Schuppen. Aber hallo, dass er da mal hingehen würde, und dann auch noch geschäftlich, nein, das hätte er sich nicht träumen lassen. Wie aufregend.

Die beiden verabschiedeten sich und Lenny versprach, sich vor dem Termin noch einmal zu melden und ermunterte ihn anderen lieber noch nichts zu erzählen, weil er ja noch viel zu wenig wisse. „Nach unserer Präsentation können Sie jedem und allem berichten. Das ist sogar sehr gut so, denn dann wissen Sie ja alles und können auch qualitativ gute und richtige Antworten geben, die richtigen Infos verteilen. Aber jetzt würde ich mich an Ihrer Stelle lieber noch etwas bedeckt halten – nur als kleiner, gut gemeinter Tipp!", sagte Lenny Meier und drückte fest seine Hand.

Er blieb noch ein paar Augenblicke stehen, wahrscheinlich auch, weil er irgendwie überwältigt war. Man könnte auch sagen: vom Donner gerührt. Dabei sah er, wie Lenny in sein um die Ecke geparktes Auto stieg. Beinahe der krönende

Abschluss – er fuhr in seinem Traumwagen los, in dem Modell, das er sich so sehnlichst wünschte, seinem Lieblingswagen und dann auch noch entsprechend stylisch getunt. Spätestens jetzt fühlte er sich selber tiefergelegt und aufgepimpt. Das musste er gleich seiner Freundin erzählen, aber sofort ...

Ablehnung von allen Seiten

„So ein Schwachsinn! Der hat Dir doch dummes Zeug erzählt!", wetterte seine Freundin. „Total unseriös und ausgerechnet Du fällst darauf rein. Das hätte ich nicht gedacht, ich hätte Dich für cleverer gehalten. Überleg' doch mal: Wenn es wirklich so eine Firma geben würde, oder, wenn es überhaupt so einen Job geben würde, wo man für die Hilfe für andere auch noch gut verdient, dann würde da doch jeder hinwollen. Aber warum hat man davon noch nie etwas gehört? Die müssten doch in jeder Zeitung stehen und im Fernsehen müsste man doch rauf und runter über die berichten. Hast Du schon mal was davon gehört? Ich nicht. Wenn das stimmen würde, was Du mir grad erzählt hast, wären die doch in aller Munde. Da ist doch was faul an der Sache. Hak' das bloß ab und lass Dich auf nichts ein. Wetten, dass die von Dir Geld haben wollen? Bestimmt musst Du erst etwas bezahlen und dann hörst Du nie wieder von denen. Oder die Firma gibt es gar nicht, sondern die haben nur einen Briefkasten in Panama oder auf irgendeinem Atoll in der Südsee, wo vielleicht höchstens ein Server steht. Und das war es dann auch schon!" Lisa redete sich regelrecht in Rage.

„Den Eindruck hatte ich nicht!", entgegnete er eher etwas kleinlaut. Dass seine Freundin abging wie eine Rakete, damit hatte er nicht gerechnet. Hätte er das gewusst, hätte er ihr nichts davon erzählt. Aber sie legte gleich schon wieder weiter los:

„Wahrscheinlich wollen die Dich als Zeitungsverkäufer haben. So wie die Typen, die überall an den Haustüren klingeln und dann Zeitschriften-Abos verkaufen sollen. Und weil das so ein mieser Job ist, versprechen Sie Dir die tollsten Sachen, um Dich zu ködern. Ist doch schon komisch, dass sie Dir den Job in einem Hotel vorstellen wollen und keine eigenen Geschäftsräume haben. Warum wohl? Weil das eine Briefkastenfirma ist. Ist doch klar. Sonst könnten sie das doch in den eigenen Räumen machen. Und die Häppchen musst Du wohl noch selber bezahlen – 10 Euro pro Biss, wetten?", fluchte sie weiter und war gar nicht wirklich zu beruhigen.

Okay, da war etwas dran. Dass die Präsentation nicht in den Räumlichkeiten des Unternehmens stattfand, das fand er auch seltsam. Unternehmen – das Wort allein hörte sich ja schon nach großen Geschäften an und das müsste doch dann auch ein Headquarter haben, ein Firmengebäude. Oder die Räumlichkeiten waren nicht dafür geschaffen. Wer weiß. Und warum überhaupt immer gleich so negativ denken?

„Könnte es nicht auch einfach mal so sein, dass das, was Lenny Meier mir erzählt hat, stimmt?", fragte er leicht gereizt.

„Nein, kann es nicht, weil es hinten und vorne nicht logisch ist!", zickte sie zurück. Lisa studierte im 4. Semester BWL und war auf das Thema Unternehmensführung und Marketing ausgerichtet. Das waren ihre Steckenpferde. „Jedes soziale Unternehmen, ob Nabu, Greenpeace, die Tafel oder das Rote Kreuz – alle kämpfen darum, jeden letzten Cent einzusammeln und alle brauchen dringend Geld. Aber Dein Herr Meier hat ja den Dreh raus, er ist der Einzige, der auf der Welt sogar noch Geld verdient, indem er anderen hilft. Man, denk' doch bitte mal nach. Wie soll das gehen? Das ist doch totaler Unfug …!", hielt sie ihm entgegen.

„Sei mir nicht böse, aber ich geh' jetzt zum Sport. Bisschen Cross-Workout machen, da komme ich am besten wieder runter. Bis nachher …!" Und schon griff sie ihre vorher bereits gepackte Trainingstasche, schlüpfte in ihre Sneaker und ließ die Tür hinter sich ins Schloss fallen – etwas lauter als sonst. Oha, die war ja richtig geladen, alle Achtung!

Das Telefonat mit seinen Eltern verlief nicht viel besser. Seit er seine eigene kleine 1,5-Zimmer-Wohnung hatte, meldete er sich bei ihnen alle drei bis vier Tage, auch damit sie wussten, dass es ihm gut geht und sich keine Gedanken machten. Außerdem: Seine Mutter war sein kostenloser Wäschedienst – schmutzig hin, sauber und gebügelt zurück. Was für ein Service und zugleich der Rest des vorteilhaften Lebens im „Hotel Mama"!

„Junge, mach keine Dummheiten. Sei froh, dass Du in Zeiten wie diesen einen guten Job hast. Du musst das wirklich mal zu schätzen lernen!", sagte seine Mutter ihm. „Mach mir bitte keinen Kummer …!", fügte sie noch hinzu. Das tat sie immer zu gerne, einen auf Mitleid und Sorgen zu machen, und meistens kriegte sie ihn auch damit.

„Wo drückt der Schuh?", fragte sein Vater, als der von seiner Mutter den Hörer übernahm. „Gibt es Ärger im Job?"

„Nein, alles prima. Ich hatte nur heute ein interessantes Gespräch über einen Nebenjob …!", berichtete er seinem Vater und erzählte, was man ihm Interessantes vorgestellt hatte.

„Lass bloß die Finger von so etwas!", warnte sein Vater eindringlich. „Das ist alles höchst unseriös. Da sollst Du bestimmt irgendeinen Mist verkaufen – Plastikdosen, irgendwelche Pillen, Reinigungsmittel, Kosmetikartikel oder Finanzprodukte, die sonst keiner abschließt. Oder vielleicht sogar noch Viagra-Imitate aus China. Vergiss das einfach. Außerdem darfst Du das doch sowieso nicht, oder? Das kollidiert doch mit deinem Job. Wenn Dein Chef Wind davon bekommt, dann fliegst Du achtkantig raus und sitzt auf der Straße. So etwas steht dann auch in der Personalakte und Du wirst Deines Lebens nicht mehr froh. Ich denke, Du wolltest Karriere in Deinem Unternehmen machen? Bestimmt geht es Dir wieder nicht schnell genug, was? Das braucht Zeit, schau mal wie lange ich gebraucht habe ….!"

Oh nein, bitte nicht, jetzt geht das wieder los und ich muss mir die ganze Predigt von „Herrn Vater und die Story seiner schwierigen Karriere" wieder anhören, schoss es ihm durch den Kopf und er schloss genervt die Augen, während er den Wortschwall seines Vaters abbekam, der aber diesmal links ins Ohr rein und rechts aus dem Ohr rausging.

Gab es denn heute keinen vernünftigen Menschen, mit dem man einmal locker und wertungsfrei über etwas reden konnte, ohne sich gleich einen Vortrag anhören zu müssen. Einfach mal jemanden, mit dem er ein bisschen hin- und herdiskutieren konnte, die Sache beleuchten und sich mal eine objektive Meinung einholen. Lisa? Die war völlig durchgedreht. Seine Eltern – klar, da gab es den wöchentlichen Vortrag. Also rief er Andy an, seinen ältesten Kumpel aus Schulzeiten. Mit ihm konnte er bestimmt reden. Gesagt, getan. „Hey, wie geht's?", meldete er sich und die beiden brachten sich kurz auf den neuesten Stand. Dazu gehörte auch, dass er Andy erzählte, was ihm Verrücktes passiert war und er berichtete von seinem heutigen Date. „Yes, hab' ich schon mal gehört. Der Ex meiner Schwester hat so etwas gemacht. Keine Ahnung genau, was das war, aber der war auch nebenberuflich unterwegs und hat alle angelabert und wollte irgendwas empfehlen. Er ist aber ausgestiegen, hat wohl nicht funktioniert. Heute jedenfalls sagt er, dass das alles leere Versprechungen waren und er nur Klinkenputzerei betrieben hat. Außerdem hat er wohl mit der Sache auch eine Stange Geld verloren. Voll nervig. Der ist durch mit dem Thema. Aber er hat auch immer gesagt, dass es da Leute gab, die richtig Geld gemacht haben und die mega-erfolgreich waren. Warum das bei ihm aber nicht geklappt hat, weiß ich nicht. Aber er ist ja auch nicht mehr mit meiner Schwester zusammen. Sie sagte immer, er sei ein total fauler Hund, den man zur Arbeit prügeln müsse. Kein Wunder, dass der nichts auf die Reihe kriegt … auch das mit meiner Schwester daher nicht!", lachte Andy und sie wechselten das Thema, um sich über die neuesten PC-Games auszutauschen.

Kurz darauf machte er es sich mit einer Ladung Erdnuss-Flips auf der Couch bequem und zappte sich durch die Programme. Nur Schrott lief da, also ein Klick weiter – Pay-TV-Time! Eine Ami-Serie mit ordentlich Action gucken. Das war jetzt genau richtig. Da flogen ein bisschen die Fäuste, scharfe Bikes, starke Mucke und gute Action. Und dennoch – die Bilder flimmerten an ihm mehr oder weniger ungefiltert vorbei. Ihm klangen noch die Worte von Lenny Meier im Ohr. Aber ebenso die ganzen Warnungen, die er bisher vernommen hatte. Hüh und hott, hin und her! Er war so unschlüssig, wusste nicht, was er tun sollte. Nichts, außer den Erzählungen aus dem Termin, sprach dafür, dass er sich das Ganze mal ansehen sollte. Aber andererseits hörte sich das, was Lenny Meier geschildert hatte, nicht übel an. Ja, es war wirklich verlockend. Was tun? In seiner Hand hielt er Meiers Visitenkarte, spielte mit ihr, ließ sie zwischen den Fingern spielen. Er dachte an das Gespräch, an das, was ihm berichtet wurde. Das hörte sich gut an, verdammt gut, oder zu gut? Er wusste nicht, wie er damit umgehen sollte. Hingehen? Nicht hingehen? Lenny Meier war ihm zudem recht sympathisch. Nein, das war kein schlechter Typ. Okay, vielleicht ein bisschen glatt, vielleicht sogar ein bisschen zu glatt für sein Alter, aber nett war er trotzdem. Und wäre er erst gar nicht zum Gespräch gegangen, ja, was dann? Dann hätte er sich jetzt nicht den Kopf zerbrechen müssen. Aber er hätte auch eine Erfahrung weniger gemacht. Und wenn er ehrlich sein sollte, dann konnte er sich ja erst ein echtes Bild machen, wenn er zu der Präsentation gehen würde. Hier sollte er ja schließlich alles erfahren. Und jetzt fasste er einen Entschluss: „Ich bin doch kein Knecht anderer Leute. Ich mache selbst meine Erfahrungen. Warum soll ich Angst haben, anderen auf den Leim zu gehen? Alles Quatsch. Ich werde dahingehen, mir das anschauen, mir das anhören und wenn die wollen, dass ich was verkaufe, dann sehen sie mich nur noch von hinten. So sieht's mal aus. Ich bin kein Verkäufer und auch kein Klinkenputzer. Wer soll mir denn verbieten, im Falle eines Falles nein zu sagen? Unterschreiben tu' ich auch nichts. Wo also bitte liegt das Risiko? Und selbst wenn es eins geben sollte – no risk, no fun, heißt es doch so schön. Na also. Entschluss gefasst und fertig …!", sprach er sich selbst Mut und Entschlossenheit zu, lehnte sich zurück und ließ sich von der US-Serie in deren actiongeladene Welt ziehen und öffnete dabei schon die dritte Tüte Erdnuss-Flips …

Gegen alle: auf zum Start

Lisa ließ auch in den kommenden Tagen selten eine Gelegenheit aus, um ihn immer wieder auf den Termin und sein geführtes Gespräch anzusprechen. Trotz, dass er noch gar nicht auf der Business-Präsentation war. Hier mal eine kleine Spitze, da mal eine kleine Stichelei. „Na, heute schon Leute übern Tisch gezogen?", grinste sie ihn an und ihre blauen Augen funkelten dabei.
„Nein, aber wenn es soweit ist, erfährst Du es als Erste!", schoss er zurück. Auch seine Eltern hatten sich gleich am nächsten Tag nach dem Telefonat wieder gemeldet. Er sah ihre Nummer auf dem Display, ging aber nicht ran, weil er einfach keinen Bock auf ihre mahnenden Vorträge hatte – vor allem nicht auf die Texte seines Vaters. Was für ein Glück, dass in der Firma niemand von der Angele-

genheit wusste. So konnte er dort locker sein Pensum runterarbeiten. Jeder Tag glich dem anderen. Wie im Hollywood-Film „Und täglich grüßt das Murmeltier" – Aufstehen, Frühstücken, ab in den Bus, rein in den Job, PC anmachen, Aufgaben abarbeiten, Grips anstrengen unnötig und manchmal sogar unerwünscht, 13 Uhr Mittagspause, eine Stunde später wieder vor dem PC hocken, weitermachen und auf den Feierabend um 17 Uhr hoffen. Die Highlights des Tages? Gab es die überhaupt? Höchstens, wenn er mit seinem Kollegen Alex mal redete, die neusten Gaming-, YouTube- und Sportnews austauschte oder über die eine oder andere Kollegin ablästerte. Nicht ganz fair, nicht ganz fein – aber spaßig. Und so verstrich ein Tag nach dem Nächsten seit seinem Date im Café mit Lenny Meier – und plötzlich stand der Samstag vor der Tür.

Er war allein zuhause. Lisa hatte mit ihren Mädels gestern eine Girls-Night gemacht, die ganzen Ladys auf einen Haufen. Sie schlief dann zuhause bei Ihren Eltern. Ihm war das ganz recht. So hatte er seine Ruhe und musste sich vor allem keine doofen Sprüche mehr anhören. Frisch rasiert, geduscht und sauber gestylt stellte er sich vor den „schwedischen Schrank", den er beim Einzug in seine erste Wohnung unter lautem Fluchen und Verwünschungen selber zusammengeschraubt hatte. Das Beste daran waren die beiden Türen, die voll verspiegelt waren. Die liebte auch Lisa, wenn sie sich immer davor betrachtete und sich nach einem Styling begutachtete. Er hatte seine guten Jeans an, richtige Schuhe, keine Sneakers, ein weißes Hemd und sein sportliches Jacket, dass er sich extra für die Arbeit mal im Modekaufhaus gekauft hatte. Locker-leger, stylish aber nicht overstyled. Er fühlte sich gut in seiner Haut. Noch ein, zwei Spritzer von seinem würzig-herben Duft, der eine perfekte Mischung aus Zitrone und Holz bot und nicht zu aufdringlich war.

Nein, überzeugt war er noch lange nicht, ob es das Richtige war, was er jetzt tat. Aber er hatte versucht, bei seinem Entschluss vor drei Abenden zu bleiben. Wer nicht wagt, der nicht gewinnt – das hatte er sich immer wieder ins Gedächtnis zurückgerufen und sprach sich dabei ebenso immer wieder selber Mut zu. Klar, er war aufgeregt, nervös und seine Gedanken schweiften immer wieder zu all den Sprüchen ab, die ihm den heutigen Besuch ausreden wollten. Aber wieso eigentlich? Die wussten doch alle nicht, worum es geht und trotzdem bestanden sie darauf, dass er sich ihren Ratschlägen fügt und angeblich so clever sein soll und nicht zu der Präsentation fährt. Vielleicht aber war es ja besonders schlau, da heute hinzufahren. Und überhaupt – wenn es ihm zu blöd werden sollte, dann konnte er doch jederzeit wieder gehen. Wer sollte ihn denn festhalten? Lenny Meier? Blödsinn.

Er fuhr extra 30 Minuten früher los, um mit seinem alten Wagen noch einmal durch die Waschstraße zu fahren. Ja, heute nahm er lieber das Auto. Zum einen lag das Hotel, wo der Business-Tag stattfinden sollte, am Rande der Stadt und da kam man mit dem Bus recht schlecht hin. Außerdem wollte er unabhängig sein. Wenn es ihm nicht gefiel, dann wollte er gehen und zwar sofort und nicht erst noch hilflos auf den Bus warten. Und es sieht einfach besser aus, wenn man mit dem eigenen Auto kommt. Was macht das denn für einen trotteligen Eindruck, wenn er aus dem Bus steigt? Da ist es schon eine Ecke cooler, wenn er mit dem eigenen Gefährt anrollen würde. Auch wenn es eine alte Seifenkiste ist, egal.

Einsteigen, Gurt anlegen. Schnell noch auf dem iPhone das Ziel eingeben und die Route starten, Schlüssel starten und los ging es – Abenteuer, ich komme! Ja, er war nervös, aber ebenso gespannt, was er heute wohl alles erleben würde. Und irgendwie hatte er auch ein gutes Gefühl, mal auszubrechen, mal etwas Ungewöhnliches zu tun, sich mal außerhalb der Norm aufzuhalten. Heute zählte mal nicht der blöde Satz: „Das tut man nicht!" Egal, was man tut, ich tu es jedenfalls, sagte er zu sich selber und fuhr los.

Einmal durch die Waschstraße, kurz noch die Fenster abledern, dabei aufpassen, dass er sich nicht dreckig machte und er nicht mit dem frisch geputzten Schuhen gleich wieder im Pfützenwasser stand. Fertig, auf zur zweiten Runde und das Ziel lautete: Hotel – Geschäftspräsentation. Keine 25 Minuten später war es soweit. Ziel erreicht und sofort rutsche ihm das Herz in die Hose. Was war denn hier los? Er starrte nicht auf die Front des Hotels, nein, er glotzte. Den Mund halb geöffnet, die Hände immer noch am Lenkrad, das er fest umklammert hielt. Sehr fest. So fest, dass das Weiße der Knöchel hervortrat. Wer er hier falsch, oder war er hier genau richtig. Verstohlen schaute er noch einmal auf die Visitenkarte von Lenny Meier. Nein, alles richtig, da stand genau dieser Hotelname, dieses Datum, diese Uhrzeit. Er fing an zu zählen: „Eins, zwei, drei …!" Ein Porsche neben dem nächsten stand da auf der Auffahrt, dazu ein Jaguar Cabrio, ein Audi R8, ein Maserati Gran Turismo, ein Aston Martin Vantage … War hier eine Auto-Show im Gange? Und dann er mit seiner Rostlaube. Hätte er doch bloß den Bus genommen. Wie peinlich. Wir verrückt drehte er an seinem Lenkrad. 180-Grad-Turn, einmal drehen bitte und dann in der Straße davor parken, aber bestimmt nicht auf dem offenen Hotelparkplatz. Da hätte er gleich bei allen anderen ein schlechtes Blatt gehabt, wenn die ihn in seiner Kiste gesehen und später erkannt hätten. Und kaum hatte er einen Parkplatz gefunden, überlegte er schon, ob er sein Auto überhaupt abschließen solle? „Wer den heute hier klaut, der gehört in die Gummizelle eingesperrt!", musste er selber lachen.

Also schritt er Richtung Hotel, und der Kloß in seinem Hals wurde mit jedem Schritt größer und größer. Einmal räuspern, zweimal … ob seine Wangen rot angelaufen waren? Bestimmt, jedenfalls hatte er das Gefühl, sein Gesicht würde in Flammen stehen, würde regelrecht glühen. Kaugummi? Beruhigt, sieht aber besonders dämlich aus, wenn man wie so eine kauende Kuh dort auftritt. Also verwarf er den Gedanken gleich wieder und erreichte schließlich diese sensationelle „Auto-Ausstellung" vor dem Hoteleingang. Dabei waren die Edel-Karossen so geparkt, dass die eine Hälfte genau links und die andere genau rechts von Eingang stand. Was für ein Anblick. Er blieb vor dem Aston Martin stehen, beugte sich runter, hielt die Hand als Sonnenblende über den Augenbrauen und wagte einen Blick ins Innere dieses Nobel-Flitzers. „Aus so einem Auto müssen sie rausschauen, nicht rein …!", ertönte eine Stimme. Lenny Meier stand strahlend vor ihm. Schicker dunkler Anzug, polierte Schuhe, schmale Krawatte und weiße Zähne, die ihm entgegenleuchteten. „Und genau dabei werden wir Ihnen auch helfen, nämlich dass Sie in so einem Auto sitzen können, es fahren, es besitzen und dabei rausschauen, nicht rein!", lachte er und streckte ihm zum Gruß die

Hand entgegen. „Herzlich willkommen, ich freue mich riesig, dass Sie heute an einem Samstag den Weg hierher gefunden haben!"

„Ähhh, ja, ich freue mich auch, bin schon sehr gespannt. Haben Sie etwas mit diesen Autos zu tun?", fragte er zaghaft, um vielleicht schon mal einen ersten, vorzeitigen Hinweis auf die Branche zu ergattern, mit der er es gleich zu tun haben würde. Aber die Antwort, die erstaunte ihn noch mehr.

„Nicht direkt! Das sind alles Autos von unseren Führungskräften, aber nur ein paar. Alle finden hier vor dem Hotel ja keinen Platz. ich glaube, das waren die am besten geputzten ...!, lachte Lenny Meier, „und daher durften die sich hier hinstellen. Die anderen mussten wohl auf den Parkplatz hinter dem Haus oder in die Tiefgarage!"

Die anderen? Ja, verdammt noch mal, fuhr denn jeder hier so einen Schlitten? Das war ja wohl der absolute Kracher. Und gleich der nächste Satz riss ihn schon wieder aus den Träumen. „Aber warum parken Sie denn eine Straße weiter? Wir haben doch für unsere Gäste hier extra freie Parkplätze zur Verfügung ...!"

Verflixt! Hatten Sie ihn also mit seinem „alten Hobel" doch gesehen und ihn erkannt. Wie peinlich. „Ich war mir nicht sicher, ob ich hinter dem Haus hätte parken können. Bin lieber daher auf Nummer Sicher gegangen. Aber das ist schon ok!", winkte er sogleich ab.

Vorbei an der Armada von teuren Sportwagen folgte er seinem Gastgeber und auch im Hotel-Inneren staunte er nicht schlecht. Lauter top gekleidete Frauen und Männer, die sich bestens gelaunt unterhielten, viel lachten – und die freudig-freundlich auf ihn zukamen. Er war nur am Händeschütteln und hörte wie bei einer Dauerbeschallung: „Herzlich willkommen, schön, dass Sie hier sind, ich heiße ..., und hatten Sie eine gute Anfahrt, ... angenehm, mein Name ist ..., darf ich Ihnen ...., wir sehen uns ja gleich ... !" War das hier das Festival der Gutgelaunten? So viel Freundlichkeit, Zuvorkommenheit und Gastfreundschaft auf einen Haufen, das war nun wirklich nicht normal. „Geht das hier immer so zu?", fragte er deshalb leicht irritiert Lenny Meier. „Was meinen Sie? Die gute Stimmung? Ja, die ist bei uns normal. Man könnte auch sagen, was andere für auffällig und besonders halten, das empfinden wir als alltäglich. Unser Business

ist die pure gute Laune. Wahrscheinlich ist das der Grund ...!"
„Aha!", mehr brachte er nicht mehr vor lauter Erstaunen heraus und folgte Lenny Meier in einen separaten Raum des Hotels, wo neben Tischen mit Schnittchen und Softdrinks auch Beamer, Leinwand und diverse Lautsprecher aufgebaut waren. Dazu waren die etwa 150 Plätze mit allerhand Flyern, Blöcken und weiterem Infomaterial ausstaffiert und – das war sensationell – für die Gäste waren extra eigene Namensschilder vorbereitet und entsprechend platziert worden. „Haben Sie Ihren Namen schon gefunden?", fragte Lenny Meier. „Wenn ja, dann können Sie dort gern Platz nehmen. All unsere Gäste, und Sie sehen, davon sind einige heute bei uns, sitzen natürlich vorn. Was für ARD und ZDF gilt, das gilt bei uns erst recht: Bei uns sitzen Sie immer in der ersten Reihe!", lachte er und führte ihn zu seinem Platz. Er nahm neben einer Dame Platz, die sicher doppelt so alt war wie er und auf der anderen Seite saß mit gespannter Miene ein smarter Mittdreißiger, der ihn anlächelte. Beide stellten sich kurz vor und begrüßten ihn.
„Soviel Interessenten? Damit hatte ich gar nicht gerechnet?", sagte er verdutzt.
„Hier kann mitmachen, wer will, also wer wirklich will – und Ziele im Leben hat!", erhielt er als Antwort aus der Reihe hinter sich. Er drehte sich um und schon wurde ihm wieder eine Hand entgegengestreckt. „Herzlich willkommen. Linus, mein Name, ich bin seit 11 Monaten dabei!", sagte dieser.
„Ach so, ja ich bin Gast heute und sehr gespannt ...!", entgegnete er jetzt komplett verwirrt. Also wenn das hier nicht komisch aber auch nett zugleich war, dann wusste er auch nicht mehr weiter. Er hätte auch sagen können: Hier ist so einiges anders! Wie anders aber, das sollte er in wenigen Augenblicken noch viel deutlicher erleben ...

Kopf-Hurrikan: Eine andere Welt stellt sich vor

„Herzlich willkommen in einer völlig neuen, den meisten unserer Gäste sicherlich unbekannten Welt!", hörte er noch und dann war er schon beinahe versunken in einem faszinierenden Business-Orbit, in einem Kosmos jenseits des alltäglichen Geschäfts-Horizonts. Er starrte den schick gedressten Redner vorn an, als ob er noch nie hätte jemanden reden hören. Aber so? Nein, so jedenfalls nicht – so zuvorkommend, so höflich, so klar und deutlich, so unterhaltsam und einfach so anders. Jeder Nachrichtensprecher hätte sich hinter diesem Redner verstecken können. Dabei lächelte er sein Publikum an, aber nicht schmierig-schleimig, sondern freundlich, einfach mal nett. Seine Hände gaben dem Publikum das Gefühl ein Teil des Ganzen zu sein. Er jedenfalls lauschte, mit Haut, mit Haaren – und Ohren. Lange nicht war er so mitten dabei, so konzentriert und so interessiert. Er saugte förmlich jeden Satz auf, atmete jedes gesprochene Wort ein. Und ein kurzer Blick nach links und rechts machte ihm klar: Er war nicht allein, denn auch den anderen Gästen ging es ähnlich. Hier und da war vielleicht einmal das Plätschern beim Einfüllen von Selter in ein Glas zu hören, hin und wieder das Rascheln von Papier, aber sonst – konzentriertes Lauschen!

Der Redner vorn stellte die Branche Network-Marketing, den Markt rund um das Produkt vor, die Produkte selber, deren Qualität und ihre beeindruckende, einzigartige Wirkungsweise. Dabei wurde kein Detail ausgelassen. Kein Wunder, dass niemand eine Frage stellte, wenn schon vorher lückenlose Aufklärung betrieben wurde und keine Info offenblieb. Hier herrschte Transparenz. Das spürte er sofort. Kein Gemauschel, keine Heimlichtuerei. Nein im Gegenteil – völlige Offenlegung von Situationen und Bedarf. So etwas hatte er in seiner Firma doch noch nie erlebt. Dort wuselte jeder lieber für sich, und hinter verschlossenen Türen wurde gemauschelt und getuschelt. Niemand wusste, wie es um den Laden stand, ob er wirtschaftlich gut aufgestellt war, oder ob die Geigen im Himmel erste Trauertöne spielten, weil der Trend abwärts zeigte und die Geschäfte schlecht gingen. Jeder versteckte sich hinter seinem Schreibtisch. Ähnlich wie bei einer früheren Klassenarbeit, wenn die Guten die Hände schützend vor ihr Niedergeschriebenes hielten, damit die weniger Cleveren ja nichts abschreiben konnten. Oh, wie er das immer gehasst hatte. Aber hier, nein hier war das ganz anders. Hier ging man offen mit Fragen und Situationen um. Das merkte er gleich. Und er erwischte sich dabei, wie er immer mal wieder zustimmend – ein wenig gönnerhaft – nickte. Auch der zu Beginn gezeigte Videoclip war beeindruckend – nicht nur von den Aussagen her, auch von der Machart. Kein billiges Handyvideo, nein, mega-aufwendig gemacht und absolut professionell. Klare Bilder, fetter Sound – ein Streifen, der unter die Haut ging. Rein in den Kopf, runter ins Herz und zack – schon war Gänsehaut-Feeling angesagt.

„Wir machen eine kurze Pause ...!", sagte der Redner und richtete dabei kurz seinen exakt gebundenen Krawattenknoten. Überhaupt sah er aus wie aus dem Ei gepellt. Ein maßgeschneiderter Anzug, handgenähte Schuhe und an seinem linken Handgelenk funkelte eine teure Luxus-Uhr „Made in Switzerland", die mit der Krone. Was für ein edles Teil. Schick, aber nicht protzig. So wie das ganze Erscheinungsbild des Redners – alles tipp-topp, mit Stil, ohne diesen lästig-nervigen Angeber-Touch, aber dennoch alles vom Feinsten. So wie die ganze Veranstaltung, das gesamte Ambiente. Hier herrschte der Duft der großen weiten Welt, das Flair von Geld, Karriere, Chancen und von Neuaufbruch und man spürte, dass sich hier die Uhren anders drehen. Noch nicht mal nur entgegengesetzt, nein, eher diametral, gegen alle gewohnten Richtungen, Trends und üblichen Arten. „Stärken Sie sich gern an unserem Büffet, Sie sind herzlich eingeladen. Und wenn Sie Fragen haben, scheuen Sie sich nicht mich anzusprechen. Ich bin gerne für Sie da und stehe Rede und Antwort. Schließlich haben wir keine Geheimnisse zu verbergen, sondern sind heute extra dafür da, um ihnen alles zu erklären und keine Frage unbeantwortet zu lassen. Wir machen dann in 15 Minuten weiter. Und zwar mit einem Thema, dass sie sehr interessieren wird: Dann nämlich geht es ums Geld und um eine berufliche Zukunft – auch um Ihre ...!", kündigte er an.

Aha, also doch – es geht ums Geld. „Mal sehen, was er jetzt für einen Vogel aus dem Käfig lässt", fragte er sich. „Bestimmt sollen wir jetzt etwas bezahlen – irgendeine ominöse Gebühr für die Getränke oder als Eintritt, sicherlich wird denen schon irgendein dubioser, vorgeschobener Grund einfallen, so eine fadenscheinige Erklärung!", grummelte er in sich hinein.

Ein Gong ertönte. Das Zeichen, dass es mit dem nächsten Part losging. Diesmal war der Redner aber nicht alleine, sondern er bat jemand anderen mit an seine Seite. Und den kündigte an, als ob er der Mega-Super-Weltstar wäre, der zugleich mit frenetischem Applaus seitens der Mitarbeiter des Unternehmens den Raum betrat. Der ER war eine SIE. Eine elegante Frau der allerschicksten Sorte, mit top gestylter Frisur, einem edel-vornehmen Look, überaus gepflegten Fingernägeln, ebenso dezentem wie auch deutlich teurem Schmuck, im coolen Kostüm im Paris-Style trat an seine Seite. Beide gaben sich die Hände und er deutete eine leichte Verbeugung an. Wow, diese Lady hatte Ausstrahlung. Sie war von der Sorte, dass man sich automatisch umdrehte, wenn sie in einen Saal kam. Nicht wegen strahlender Schönheit – das sowieso –, sondern vielmehr wegen ihrer Aura. Sie kam nicht in einen Raum, sie erschien! Ihre Präsenz war einfach spürbar. Eine Dame von Welt, eine Lady par excellence! „Meine Damen und Herren, ich bin sehr stolz und glücklich zugleich, sie alle heute hier bei uns begrüßen zu dürfen. Heute, das wird Ihr bester Tag in ihrem Leben! Das verspreche ich Ihnen. Und es ist der Start für Sie für ein völlig neues Leben! Heute werden Sie eine Chance angeboten bekommen wie noch nie zuvor. So wie viele meiner Kollegen und Partner dies auch einmal erlebt haben. Der große Unterschied aber ist: Diese Frauen und Männer, von denen ich mittlerweile alle als meine Freunde bezeichnen darf, haben diese Chance ergriffen, haben die gigantischen Ausmaße erkannt, die in unserem Geschäftsmodell liegen und Sie haben noch etwas getan – sie haben die einmalige Gelegenheit genutzt. Und zwar indem sie aktiv geworden sind. Sie haben nicht geredet, sie haben es gemacht. Was sie getan haben und welche Chancen sie genutzt haben, genau das werde ich Ihnen jetzt zeigen ...!"

Und in den nächsten 45 Minuten brannte sie ein wahres Feuerwerk der Emotionen ab. Seine Gedanken fuhren Achterbahn. Nur, dass es niemals abwärts ging, sondern nur noch höher und höher und höher. Zum einen erklärte sie die eigentliche Aufgabe, und zum anderen die Möglichkeiten damit Geld zu verdienen. Dabei ging es nicht um ein paar Euro zusätzlich. Es war nicht die Rede von ein bisschen Taschengeld. Nein, sondern sie sprach erst von ein paar 100 Euros mehr, dann von ein paar 1.000 Euros mehr und zu guter Letzt von mehreren 10.000 Euros, die als Verdienst hier möglich waren. Langfristig ging es sogar um ein passives Einkommen. „Und was ganz oben machbar und möglich ist, das will ich Ihnen hier und heute nicht erzählen, sonst halten Sie mich noch für verrückt!", lachte sie. Er bekam Schnappatmung. Was waren das für Aussichten? Was für Möglichkeiten? Und was für irre Summen? Die Zahlen am Ende konnte er gar nicht mehr schreiben, so viel Nullen hatten die vorzuweisen. Und das alles nur durch freundschaftliche, hilfsbereite Empfehlung von Produkten, indem man Lösungen anbot für einen Bedarf, den andere Leute sowieso haben. Hier ging es nicht um einen knallharten Verkauf, oder darum, anderen Leuten etwas aufzuquatschen. Ganz im Gegenteil, genau diese Art von Vertrieb wollte man nicht. Man wollte ein Problemlöser sein, Menschen aus dem Hamsterrad befreien und ein geniales Lebens- und Einkommenskonzept mit anderen teilen. Es ging darum, das passende Angebot für jemanden zu haben, der diese Produkte wirklich benötigte. „Sie sollen dem verzweifelten Robinson Crusoe auf seiner einsamen Insel kein salziges Meerwasser verkaufen, sondern ihm das Rettungsboot zurück in die freie Welt anbieten!!", betonte die Businesslady. Das machte Sinn.

Aber das wirklich Sensationelle bei dem ganzen Geschäftsmodell war weniger das Thema Produkte, sondern wie man auf Basis eben dieser mit einem Team, welches man sich selbst step-by-step selbst aufbaute, nach und nach mehr Geld verdiente und sich so über die Zeit ein passives Einkommen sicherte. Man verdiente somit also Geld, ohne selbst noch richtig aktiv zu sein, sondern man erntet die Früchte von den Samen, die man vorher selbst ausgesät hatte. Er kniff sich ins Ohrläppchen. War so etwas möglich? Seine Gedanken fuhren in seinem Kopf Karussell. Um ihn herum begann sich alles zu drehen. Sah er noch bunte Punkte vor den Augen, oder waren es sogar schon erste Euros? Hatte er plötzlich Dollar-Zeichen in der Pupille?
„Ich weiß, in ihrer Fantasie sehen Sie jetzt schon wie Ihr Konto vor Reichtum überläuft!", fuhr die durchgestylte Referentin weiter fort. „Aber glauben Sie mir, hier geht es nicht in erster Linie um das Geld, sondern darum, anderen Menschen zu helfen und anderen Menschen eine Chance zu geben. Wenn Sie das verstanden haben, wenn sie das umsetzen, dann kommt das Geld von ganz allein – auch zu Ihnen!", sagte sie, und dies mit einer derartigen Selbstverständlichkeit und einer ehrlichen Überzeugung, dass auch er nicht anders konnte, als ihr genau dies Wort für Wort abzunehmen. Ja, er glaubte ihr genau das, nämlich was und wie sie es

gesagt hatte. Da gab es gar keine Zweifel. Alles war schlüssig – die Produkte, die Qualität, das System, der Ablauf, und auch die äußeren Rahmenbedingungen, die er heute erlebte, sprachen für sich allein. Diese Geschäftsfrau – irgendwie im Rang einer 6-Diamanten-Leaderin oder so ähnlich – genau hatte er das nicht verstanden –, war nicht nur vertrauenswürdig, sondern vor allem glaubwürdig, überzeugend und ihr Auftritt hatte Eindruck gemacht. So wie ja auch der Vorredner und selbst Lenny Meier, dass musste er sich nun eingestehen. Denn immerhin war der es ja, der ihn überzeugt hatte, heute hier aufzutauchen. Oh wie gut war es, dass er nicht auf diese ganzen Jammerlieder der anderen gehört hatte. Was hatten sie alle auf ihn eingeredet, ihm versucht, alles schlecht zu reden.

Ja, er war hier, an einem ganz speziellen Ort mit einem außergewöhnlichen Spirit. Und genau der hatte ihn ergriffen. Ihm fehlten die Worte, und das kam wahrlich nicht oft vor. Eigentlich hatte er immer den passenden Spruch auf den Lippen, aber diesmal war er schlichtweg sprachlos. „Na, habe ich Ihnen zu viel versprochen?", hörte er jemanden sagen. Lenny Meier – der beherrschte irgendwie die Kunst ständig aus dem Nichts aufzutauchen. Plötzlich war er da – stets mitten aus dem Nirvana des Nirgendwo. „Nein, haben Sie nicht!", sagte er – fast ein wenig kleinlaut.
„Na, dann lassen Sie uns doch mal unten an der Bar ein bisschen reden. Vielleicht kann ich das ja alles noch überbieten. Bereit?"
„Oh ja, aber sowas von ...! I'm ready to rock!"
„Yes, so will ich Sie hören!", lachte Lenny und ließ seinen rechten Daumen hochschnellen. Der Facebook-Daumen „Gefällt mir" ließ grüßen.

Überraschung – wer hätte das gedacht

An der Bar gab es nur noch ein Thema: Die erstklassigen Produkte und das frisch vorgestellte Geschäftsmodell. So ziemlich alle Gäste, die hier und heute zu der Geschäftspräsentation eingeladen worden waren, redeten aufgeregt und aufgewühlt zugleich durcheinander. Jeder hatte natürlich jetzt schon genau den Weg an die Spitze vor Augen und so mancher wusste selbstverständlich auch gleich wieder eine „clevere Abkürzung", wie es noch schneller gehen könnte und man noch schneller erfolgreich werden würde und und und … Das Geraune erfüllte die Bar des Hotels, wildes Gestikulieren wohin man auch sah und auch er war komplett geflashed. „Was mich wirklich mal interessieren würde, das wä….!", wollte er gerade Lenny Meier fragen, als er seinen Augen nicht traute.

„Jonas? Was machst Du denn hier? Sorry, Herr Meier, aber das ist ein guter Freund von mir. Wir kennen uns schon Jahre und ich bin gerade etwas erstaunt, ihn hier zu sehen?"

„Sie kennen Jonas? Das ist ja toll. Unser neuer Senkrechtstarter. Einer von der ganz erfolgreichen Sorte. Tja, da sind wir zwar weltweit tätig, aber die Welt ist doch zu klein für unsere einzigartige Network-Branche. Die Besten treffen sich halt immer wieder …!, lachte Meier und fügte hinzu: „Na, dann lass ich Sie doch mal kurz allein und ich komme gleich zu Ihnen zurück. Hey, Jonas, du kennst ja richtig nette Leute …!", grinste Lenny den Kollegen an, der erst selbst zu Gast auf der letzten Geschäfts-Präsentation vor vier Wochen gewesen war.

„Was machst Du denn hier?", fragte Jonas seinen Freund.

„Ich bin von Herrn Meier eingeladen worden, wir haben uns vor ein paar Tagen kennengelernt!", antwortete er

„Meier? Lenny Meier? Stark, ja, der hat schon ein Auge für gute Leute. Ist ja auch ein cooler Typ!", sagte Jonas und die beiden klatschten sich freundschaftlich ab.

„Hat er Dich auch eingeladen? Warst Du heute auch hier auf der Präsentation? Hatte Dich nämlich in dem Saal oben gar nicht gesehen!", wunderte er sich.

„Nein, nein, ich hatte meine Webinar-Präsentation schon!"

„Deine was …?", hakte er nach.

„Meine Webinar-Präsentation. So nennen wir das, wenn die ganze Geschäftpräsentation online läuft!", erklärte Jonas.

„Wie online? Erzähl' mal. Über Facebook, Instagram und all die Kanäle?"

„Ja, Volltreffer! Bei uns läuft das meiste über Social Media. Ist ziemlich abgefahren und die easy Nummer. Alles reine Fleißsache!", merkte er an.

„Okay, okay, mal der Reihe nach. Das interessiert mich ja nun auch!", bohrte er bei Jonas nach.

„Das ist gar kein Geheimnis. Hört sich vielleicht kryptisch an, ist es aber nicht. Ich bin über Facebook von einem Bekannten eines Freundes kontaktiert worden. Weil ich ja regelmäßig ins Fitnessstudio gehe, da hätte er etwas sehr Nützliches für mich. Ja, und wie das so ist, dann haben wir uns connected und er hat mir ein bisschen was im Chat von den Produkten erzählt. Hörte sich gut an. Kein Fake. Da hab' ich mir mal einen Produkttest bestellt und das war wirklich alles prima. Na ja, und irgendwann hat er mich dann mal gefragt, ob ich Interesse daran hätte, etwas Geld zusätzlich zu verdienen und hat mich zu einem Webinar eingeladen. Das war wirklich irre. Webinar – hatte ich vorher noch nie mitgemacht. Er hatte mir einen Link, Zugangscode mit Passwort gegeben und – bam – schon war ich mitten in einer Präsentations-Veranstaltung …!"

„Also so etwas wie heute – nur online im Internet?"

„Ja genau, Du hast es gecheckt. Da wurde alles erklärt – die Produkte, das Geschäftsmodell, die Karriere- und Verdienstmöglichkeiten und die …!"

„Quasi der gleiche Inhalt, wie das, was man uns heute hier erzählt hat …?", fragte er.

„Richtig, genau das Gleiche, bloß eben, dass ich nicht hier im Hotel war, sondern vorm Rechner gesessen habe. Das war spannend – und hat mich voll beeindruckt. Ich bin jetzt seit vier Wochen dabei und …!", schon wieder wurde Jonas von ihm unterbrochen.

„Und, läuft's? Oder ist das alles lautes Getöne ohne was dahinter? Du weißt ja, wie viele Blender rumlaufen. Ich bin nur vorsichtig und will keinen Mist bauen!"

„Was bitte war da heute nicht ehrlich? Was hat sich für Dich unehrlich angehört?", erwiderte Jonas.

„Nichts, aber das macht mich ja so stutzig!", schoss es aus ihm gerade heraus.

„Merkst Du noch was? Du gehst doch auch nicht zum Bäcker und sagst, die guten Brötchen will ich nicht, geben Sie mir die alten, gammeligen, die sehen nicht so trügerisch gut aus. Was ist das denn für eine Denke? Junge, komm' mal wieder runter. Hier hat sich für Dich alles gut, sauber und faszinierend angehört, weil es nämlich auch genau so ist. Der Laden ist der Hammer, und die Chancen, die Du hier hast, sind gewaltig. Rede Dir bloß keinen Blödsinn ein und vor allem – lass Dich nicht von anderen beeinflussen. Und glaube mir, das tun sie alle. War bei mir anfangs auch nicht anders und hört auch immer noch nicht ganz auf!", warnte Jonas seinen Freund.

„Da mach' Dir mal keine Sorgen. Ich weiß, was ich will und ich bilde mir immer meine eigene Meinung!"

„Na, dann ist es ja gut!"

„Und wieso hast Du mir nichts davon gesagt, was Du machst und dass Du hier aktiv bist?", fragte er Jonas.

„Ganz einfach, ich hatte Dich natürlich in meiner näheren Auswahl und hätte Dich spätestens nächste Woche angerufen. Aber nun ..., was soll's, Lenny war schneller!"

„Ist doch egal, dann lass uns beide doch zusammenarbeiten!", schlug er vor. Aber Jonas schüttelte den Kopf und winkte ab.

„Das geht nicht. Lenny war zuerst da und ist jetzt Deine Upline, alles andere wäre echt unfair und ist vom System her auch gar nicht möglich!", erklärte Jonas.

„Wie ich sehe, habt ihr beide Euch ja viel zu erzählen. Kann ich mir auch gut vorstellen. Aber Jonas, ich muss Dir Deinen Buddy jetzt mal entführen, wir haben ein bisschen was zu besprechen!", machte Lenny Meier deutlich, der sich wieder zu den beiden gesellte.

„Wie geht's denn nun weiter?", fragte er Augenblicke später.

„Sehr gut, dass heißt, es soll weitergehen. Finde ich prima. Dann lassen Sie uns beide mal zusammen die nächsten Schritte planen ...!", stellte Lenny Meier in Aussicht und holte einen Sift und großen Block Papier hervor ...

Sturm der Entrüstung

Wo warst Du denn? Doch nicht etwa die ganze Zeit bei diesem merkwürdigen Laden?", motzte ihn seine Freundin Lisa an, nachdem er gerade noch die Tür hinter sich hatte schließen können. Zickenalarm!

„Der ist nicht merkwürdig!", kam von ihm der erste Versuch eines Widerspruchs.

„Ach nein? Ich habe jedenfalls noch nie gehört, dass ein Bewerbungsgespräch bis

in den Abend geht, zudem auf einem Samstag, und dass danach sogar noch eine Party stattfindet. Alles sehr merkwürdig ...!", fauchte sie ihn an. „Du hast eine Fahne, als wenn Du eine Schnaps-Fabrik verschluckt hättest!"
„Ausgelassene Party? Sag mal spinnst Du? Wie kommst Du auf so einen Schwachsinn? Warst Du da oder ich? Keine Ahnung, wo Du abhängst, aber ich war jedenfalls auf einem tollen Geschäftsmeeting und mir hat das absolut gefallen. Und ich habe einen Gin Tonic getrunken – mehr nicht!", sagte er mit dem Brustton der Überzeugung.
„Na, da bist Du diesen Typen ja schön auf den Leim gegangen. Die haben Dich ja herrlich eingelullt. Hast Du Deinen Verstand an der Garderobe gleich mit abgegeben?"
„Ach was, das hat doch keinen Zweck. Warum soll ich Dir denn etwas erzählen, wenn Du eh nur so rummotzt – und dazu ohne auch nur einen Funken Ahnung. Lass mich doch erstmal erzählen und dann ....!"
„Hast Du den Laden mal gegoogelt? Das hört sich nicht ganz so euphorisch an, wie Du erzählst. In einigen Foren habe ich sogar ein paar negative Einträge und kritische Stimmen zu dieser Network-Branche gefunden. Ich glaube eher, da laufen eine ganze Menge verkrachter Existenzen herum, die bisher nicht wirklich etwas auf die Reihe bekommen haben. Geht es nicht vielmehr darum, dass einige viel arbeiten, um lediglich für die wenigen Oberen Geld zu verdienen?" feuerte sie eine Wut-Salve nach der nächsten ab.
„Ach, Du kennst natürlich die ganze Branche. Klar, die BWL-Königin hat alles gecheckt. Du hast ja soooo viel Erfahrung mit dieser Industrie, Du Super-Studentin ...!"
„Oho, hört, hört – jetzt ist das sogar schon eine Industrie. So wie die Öl- oder die Musik-Industrie!", höhnte sie.
„Genau, nur nicht so dreckig. Und ja, da werden Milliarden-Umsätze gemacht. So und nun halt Dich mal fest, Miss Neunmalschlau: die 100 Top-Unternehmen der Branche haben allein 2017 einen Umsatz von fetten 85,2 Milliarden US-Dollar gemacht. Da staunst Du, was? Und überhaupt – googeln. Mach' Dir doch mal ein eigenes Bild und erzähl' nicht den Schrott anderer Leute nach. Wie billig ist das denn?", entgegnete er und die Lautstärke seiner Stimme hob sich. Er bückte

sich, griff nach seiner Jacke und verschwand aus der Wohnungstür. Premiere – Lisa und er hatten ihren ersten handfesten Krach. Und alles nur wegen einer Geschäftspräsentation. Warum bitte sollte man sich deshalb in die Wolle kriegen? War sie neidisch? Eifersüchtig? Oder hatte sie vielleicht einfach nur Recht und das war ihre ausgefallene, eigene – eher etwas hilflose – Art ihn zu warnen? Er war verwirrt, verletzt, aber auch wütend und etwas nachdenklich zugleich, als er die Stufen im Treppenhaus runterstapfte und sich auf den Weg zu seinen Eltern machte – etwas Trost abholen.

Aber auch dort ging es gleich in selbiger Art weiter. Sein Vater hielt ihm eine regelrechte Standpauke und brachte zig Beispiele vor, warum ausgerechnet dieses Geschäft nun so gar nichts für ihn war und warum es von vorn bis hinten unseriös wäre. „Junge, Du bist doch keiner, der anderen etwas aufschwatzt. Du hast doch nicht die Lehre gemacht, damit Du Klinken putzt wie so ein Staubsaugervertreter. Du kaufst denen Ware ab und die Oberen verdienen sich dumm und dämlich daran. Alles purer Betrug. Und irgendwann bleibst Du auf dem ganzen Mist sitzen und die anderen machen sich mit Deinem Geld aus dem Staub. Außerdem muss man dabei seine ganzen Freunde und Verwandten abklappern und wenn Du alle durch hast und die Dir alle gesagt haben, dass Du sie mit dem diesem billigen China-Schrott in Ruhe lassen sollst, dann guckst Du dumm aus der Wäsche. Geld weg, Freunde weg, Job weg. Der direkte Weg ins Verderben, in den Untergang. So fängt es an. Glaub' mir mein Junge, und am Ende hockst DU noch auf der Straße und hast kein Dach überm Kopf und nichts mehr zu beißen. Und wir leben ja auch nicht ewig, um Dich dann aus dem Schlamassel rauszuholen. Komm', Du bist doch sonst so clever, lass diesen Blödsinn sein und hör' auf zu träumen. Wach' auf, Mensch!", ereiferte sich sein Vater und sah dabei regelrecht niedergeschlagen aus.

„Paps, glaubst Du wirklich, dass alle, die mal andere berufliche Wege gehen als die meisten, nur Idioten sind? Ich nicht. Guck Dich doch selbst an. Über 25 Jahre rennst Du jeden Tag ins Büro. Egal ob Schnupfen, Husten oder Hexenschuss – Du bist da. Und der Dank? Kollegen, bei denen Du aufpassen musst, dass sie Dich nicht wegmobben. Ein Chef, der Dich nicht hochkommen lässt. Kleine Wohnung,

normales Auto, Urlaub in Bayern oder an der Ostsee …!"
Autsch! Das war nicht fair. Er wusste es, in dem Moment, wo er es gesagt hatte – und es tat ihm leid. Denn er hatte sich genauso unsachlich verhalten, wie es ihn geärgert hatte, wie Lisa und sein Vater argumentiert hatten. „Sorry, Paps, das war nicht so gemeint. Aber mal ehrlich – Du urteilst über etwas, was Du nicht kennst. Und wenn es doch klappt? Was dann?"
„Dann hättest Du Recht und ich würde Dir das auch sagen!", erwiderte sein Vater. Jetzt mischte sich seine Mutter noch mit ein. Genau das, was er jetzt gebraucht hatte.
„Vielleicht ist das ja auch so eine Sekte. So eine wie die aus Amerika, die ihren Mitgliedern den letzten Cent abknöpft und die total von sich abhängig macht. Da kriegst Du eine ganz gefährliche Gehirnwäsche verpasst und kommst nie wieder von denen los. Die sind sehr gefährlich!", warnte sie und um ihren Worten noch mehr Nachdruck zu verleihen, hob sie dabei den Zeigefinger leicht gekrümmt vor ihre Nase.
Langsam gingen ihm die Worte aus – und die Lust zum Gespräch gleich mit. Ja, war denn heute jeder mit dem Klammerbeutel gepudert? Warum rannte er bei allen und jedem gleich gegen dicke mentale Betonwände? War er so bescheuert oder die anderen? Irgendjemand musste ihn doch mal verstehen. Wenigstens ansatzweise. Lebte er denn plötzlich in einer derart vernagelten und verbretterten Welt? Er war schon beinahe fassungslos. „Da kommt man voll motiviert und inspiriert von einer tollen Veranstaltung zurück und dann kriegt man permanent eins auf die Mütze gedonnert. Gibt's doch nicht!", zeterte er mit sich selbst.
„Ich will doch nur etwas verändern, ein Stück weiter vorankommen!", sagte er und blickte seinen Vater an. „Nach Feierabend, wenn mein Hauptjob erledigt ist, oder an den Wochenenden. Einfach ein bisschen mehr tun als andere, um auch entsprechend weiter als sie zu kommen. Ich bin fest davon überzeugt, dass jeder es schaffen kann, mehr aus sich und seinem Leben zu machen. Den ‚American Way of Life', den gibt es noch. Ganz bestimmt. Vom berühmten Tellerwäscher zum Millionär, das klappt auch heute noch. Auch hier bei uns. Denn die nächsten 20 Jahre wie ein Arschkriecher in meiner jetzigen Firma meinem Abteilungsleiter hinterher zu schleimen, nein danke, das halte ich nicht durch. Da wird man krank

und blöd zugleich in der Birne. Egal, wie gut ich etwas mache, den Typen juckt es eh nicht. Der will nur eins: Mich klein halten, weil er nämlich weiß, dass ich heute schon besser bin als er gestern. Und weil das so ist, wird er mich niemals befördern und mal gut über mich sprechen. Mehr Gehalt? Bessere Position? Pah, das kann ich mir bei dem sowas von abschminken. Und am Ende sitze ich nach zehn Jahren immer noch in meiner kleinen Bude und muss jedes Mal beim Autofahren beten, dass ich auch ankomme – aus Angst, mein vierrädriger Schrotthaufen bleibt mitten auf der Straße liegen, weil er seinen Geist aufgegeben hat. Und meine Freunde? Die machen inzwischen schick Urlaub, fahren ihren dicken Wagen und machen es sich in ihrem schmucken Häuschen gemütlich. Nur ich sitz' dann da und bin angeschmiert, weil ich auf andere gehört habe!" – wow, das hatte gesessen.

„Warum fragst Du denn, wenn für Dich schon alles feststeht und Du eh keinen Wert auf unsere Meinung legst?", hakte sein Vater nach.

„Weil ich dachte, ihr seid auf meiner Seite und unterstützt mich, dass ich aus dieser Bubble hier mal endlich rauskomme?"

„Bubble? Was meinst Du mit Bubble", fragte sein Vater nach.

„Bubble – diese riesige Blase, in der wir alle leben. Immer der gleiche Trott. Die meisten wissen ja heute schon, wie ihr Leben morgen aussieht. Heirat, Kinder, Wohnung mit oder ohne Balkon, bestenfalls ein kleines Häuschen mit Spießerzaun um den Garten rum, der dann auch noch voller Tulpen und all solchem Oma-Kraut steht, dazu eine Beamtenkarre à la Mittelklasse oder vielleicht gleich so eine befahrbare Mini-Kasperkiste, weil ja der Parkraum so spärlich ist. Und dann – ab in die Rente, prima und kurz danach den Sargdeckel von innen zumachen und das war's! Schönen Dank, ohne mich!", wetterte er.

„Ach, ohne Dich? Du hast wohl das ewige Leben erfunden, oder? Es gibt halt Dinge, die man nicht aufhalten oder ändern kann. So ist der Lauf des Lebens, damit musst Du Dich eben abfinden!"

Und genau das tu' ich nicht. Eins verspreche ich Dir – Du bist der Erste, den ich als Beifahrer in meinem Porsche mitnehmen werde!"

„Na klar, träum' schön weiter, aber vergiss nicht, irgendwann mal wieder aufzuwachen!", wetterte sein Vater voller Unverständnis.

„Keine Angst, ihr werdet schon sehen und dann bin ich mal gespannt, was ihr dann für Texte raushaut!", antwortete er noch und ließ die Tür ins Schloss krachen.

Er war für heute bedient – mit allen und allem! Als er nach Hause kam, war seine Wohnung dunkel. Kein Licht. Er schaute ins Bad, Lisa schien jedoch noch da zu sein. Jedenfalls waren ihre Klamotten und die unzähligen Tuben, Tigel, Farben und Pinsel, die mit der Zeit ihren Weg in sein kleines Badezimmer gefunden hatten, noch da. Er öffnete leise die Schlafzimmertür. Da lag sie. Ein süßer, verführerischer Anblick. In die Bettdecke eingemummelt, die Knie weit angezogen. „Ich werd's Euch zeigen. Euch allen – auch Dir!", sagte er zu sich selbst und blickte Lisa an. „Ihr werdet Euch alle wundern, versprochen …!"

Erste Versuche - erste Kunden

Gleich am nächsten Morgen meldete sich Lenny Meier am Telefon. „Ich wollte mich nur erkundigen, ob alles bei Ihnen gut ist? Die Geschäfts-Präsentation gut verdaut? Schon kräftig Pläne für heute und Ihre neue berufliche Zukunft geschmiedet!", fragte er bestens gelaunt.
„Oh ja, besten Dank für die Nachfrage. Ja, das war wirklich mehr als inspirierend. Mich hat das absolut inspiriert, was ich gestern bei Ihnen gehört habe. Soll ich einfach heute schon mal loslegen, oder wie läuft das mit dem Startschuss!", fragte er und wuschelte sich dabei durch die Haare. Es war Sonntag, der Tag ohne Wecker. Und damit stand fest, dass er noch im Bett lag, das Handy am Ohr, halb im Kissen versunken.
„Sie haben ja die Unterlagen. Schauen Sie sich die noch einmal gut an. Und wenn was unklar ist, rufen Sie mich an. Oder wollen wir uns heute Vormittag nochmal treffen?", fragte Lenny hilfsbereit.
„Nein, nein, das kriege ich schon auf die Reihe …!", flötete er motiviert in den Hörer. Sonntagvormittag und gleich schon treffen? Nun mal nicht übertreiben ....
„Wichtig ist: Wenn Sie mit Leuten sprechen, dann muss es nach Ihnen klingen.

Unser ausgearbeiteter Gesprächsleitfaden ist nur eine Stütze, aber das sind nicht Sie. Genau das aber merken Menschen, wenn man nur einen Text runterbetet. Es muss authentisch sein und zu 100 Prozent nach Ihnen klingen. Und zwar nach Ihrer ehrlichen Überzeugung. Sie haben gestern doch den Satz gehört: Die besten Köche bieten nur das an, was sie selber gerne essen! Und genauso ist es bei uns. Ehrlichkeit, Offenheit, Transparenz und komplett überzeugt sein, von dem, was man tut. Das ist der Weg nach oben …!", erklärte Lenny.
Neben ihm öffnete Lisa gerade ein Auge und blickte ihn ebenso verliebt wie auch leicht angenervt an, dass er sogar am Sonntagmorgen im Bett schon das Handy am Ohr hatte. Und sie ahnte, mit wem er telefonierte. Kaum hatte er sein Gespräch beendet, schmiegte sie sich an ihn, ließ ihr Bein über seines streichen und hauchte ihm ins Ohr: „Ich wüsste auch, was man jetzt machen könnte anstatt zu telefonieren …!"
Da hatte sie recht, soviel Zeit musste sein – sonntags, und auch vor der neuen Herausforderung …

Immer und immer wieder hatte er nun bis zum Mittag die Gesprächsleitfäden durchgesehen. Außerdem hatte er sich online die cool gemachten Lernvideos angeschaut, in denen gezeigt wurde, wie man mit Freunden und Bekannten Termine macht, um denen Produkte oder die Geschäftsidee mal vorzustellen. Langsam war er sich sicher: Das war nicht schwer. Im Gegenteil – es sah und hörte sich doch eher recht simpel an.

Zuvor hatte er sich wie von Lenny Meier empfohlen eine Liste mit Kandidaten zusammengestellt, streng gegliedert nach Freunden, Bekannten, Verwandten, Leuten, die er so locker kannte und solche, die ihm nach langer Überlegung einfielen, um mit ihnen mal wieder Kontakt aufzunehmen. Er ging seinen Tagesablauf durch, mit wem er üblicherweise zu tun hatte – die kleine Lustige aus der Bäckerei, der Typ von der Tankstelle, die eine ganz Nette, mit der er immer morgens an der Bushaltestelle wartete, der Typ vom Counter in seinem Fitnessstudio und natürlich alle seine Kontakte aus dem Handy. Da kam schon was zusammen. Rund 100 Namen hatte er auf seiner Kontaktliste. Das war wirklich komisch, wen man so alles kennt, wenn man nur mal genauer überlegt und diese Namen dann alle zusammenträgt. Das war richtig aufregend. Frühere Schulfreunde – vielleicht konnte er gleich mal ein Klassentreffen initiieren – Sportkumpel, auch aus seinen ehemaligen Vereinen, oder die Partyfreunde aus den Clubs der Stadt, wenn er abends auf Piste war. Auch seine Arbeitskollegen und die Leute aus der Berufsschule hatte er natürlich aufgelistet, aber die wollte er noch nicht angehen – keine schlafenden Hunde wecken. Die sollten später kontaktiert und gesponsert werden. Und auch der Kreis rund um Lisa, alles Leute, die er noch nicht lange kannte, hatte er zwar aufgeschrieben, aber wie seine Kollegen auch nach hintenangestellt. Und er hatte sich die Namen markiert, bei denen er sich beinahe sicher war, dass sie voll auf sein hilfreiches Angebot abfahren würden. Die hatte er daher extra mit dem neongelben Marker gekennzeichnet.

Eins merkte er sofort, als er wenig später den Hörer in der Hand hatte, um den ersten Anruf zu starten: In halb liegender Position auf dem Sofa ging das nicht. Da kam für ihn selbst nicht das richtige, das geschäftliche Feeling rüber. Also setzte er sich kerzengerade hin. Räuspern. Noch einmal. Wieso hatte er gerade jetzt einen Frosch im Hals? Komisch, der Kloß auf den Stimmbändern wurde nicht kleiner. Er sah auf die Telefonnummer des Namens, der an erster Stelle stand. Die ersten drei Ziffern gab er ein und – nein, der war jetzt nicht der Richtige. Den wollte er lieber anrufen, wenn er total fit war und sicher. Also rutschte sein Finger ein paar Namen tiefer auf der Liste. Joana aus der Berufsschule. Zu der hatte er immer einen guten Draht. Die ist genau die Richtige zum Testen. Er gab die Nummer ein und – drückte gleich wieder auf „Auflegen". Was die wohl dachte, wenn er jetzt so mir nichts dir nichts aus heiterem Himmel anrief? Er machte sich doch gerade lächerlich, oder? Bestimmt dachte sie dann, dass er sie anbaggern wollte? Machte er sich hier zum Kasper? Er war plötzlich unsicher, verwirrt, unschlüssig. Tat er gerade wirklich das Richtige oder hatten die anderen Recht und das war alles dummes Zeug?

„Nach dem Wollen kommt das Tun! Denn ohne das Tun haben Ziele keine Bedeutung!", so lauteten die Worte, die der so lässig-busy auftretende Redner gestern gesagt hatte und die ihm im Kopf geblieben waren. Denn da war viel Wahrheit dran. „Aber denken Sie daran – es geht in erster Linie immer um den Weg, um den Prozess. Wie Sie es machen und dass sie es machen! Dann erreichen Sie das Ziel automatisch, und wahrscheinlich noch viel mehr darüber hinaus. Der Weg ist das Ziel, nicht das Ziel der Weg!", hatte er betont hinzugefügt. Was immer das auch heißen mochte, wichtig war also für ihn: erst einmal anfangen. Und das tat er, indem er die Nummer eingab und gespannt dem Anrufton lauschte. Sein erster Anruf, sein erstes Gespräch, sein erster Interessent und potentieller Partner – heute schrieb er Geschichte, denn heute war der erste Tag in seinem neuen Leben. Ein Leben voller Erfolg und Siege. Tut-tut-tut ... machte es weiter am anderen Ende ...

Die Bauchlandung - es klappt nicht

Er blickte auf seine Liste. Vier Namen hatte er schon durchgestrichen. Wenn das so weitergeht, dann sind alle meine Namen auf der Liste verbraucht, dachte er sich kopfschüttelnd. Vier Mal schon hatte er sich nun eine blutige Nase geholt. Entweder hieß es: „Nein, lass mal, das ist nichts für mich!" oder aber „Hört sich interessant an, aber das muss ich mir nochmal in Ruhe überlegen!" Sie zögerten und zauderten alle. Zum verrückt werden. Aber wahrscheinlich hatte er ausgerechnet die vier Leute angerufen, für die sein Angebot wohl wirklich nicht der Volltreffer war. Pechsache. Oder lag es doch an etwas anderem? Lag es an ihm? Machte er etwas falsch? Hörte er sich steif und verstellt an? Oder waren die Angerufenen einfach nur zu blöd, um zu begreifen, was für eine geniale Chance da gerade an ihnen vorbeizog? Genau, das war bestimmt der Grund.

Als nun auch der fünfte Anruf mit einer satten Absage endete und zwar indem ihm der Bekannte ganz schön die Meinung geigte, indem er ihm sagte, er solle ihn mit seinen merkwürdigen Geschäften ja in Ruhe lassen, war es dann auch vorbei mit der Lust auf den neuen Erfolg. Das war doch gestern so easy, wie der Speaker auf dem Meeting das vorgemacht hatte. Und auch in den Tutorials ging das so glatt über die Bühnen. Da kam immer die richtige Antwort auf die entsprechende Frage. So, dass man das Gespräch wirklich dahinführen konnte, wo man es haben wollte. Aber wenn er jetzt mit den Leuten am Telefon sprach, dann reagierten die ganz anders, gaben ganz andere Antworten als in den Skripten und in den Ausbildungsfilmchen. Na toll, wie sollte das denn klappen, wenn nicht mal die Unterlagen stimmten? Da half nur eins – eine Portion Rat. Und die holte er sich bei seinem Kumpel Jonas, dem Senkrechtstarter, den er zu seiner Überraschung auf der Präsentation im Hotel getroffen hatte.

„Hey Jonas, wie läuft's? Zufrieden?"
„Klar, könnte nicht besser sein. Und bei Dir? Bist Du schon voll auf Erfolgskurs?", fragte er und traf damit in die offene Wunde.
„Um ehrlich zu sein – das klappt nicht. Ich habe bisher noch nicht einen Termin, geschweige denn ein Geschäft gemacht. Darum ruf ich auch an. Hast Du einen Tipp für mich?", fragte er seinen Freund fast schon flehentlich.
„Immer schön cool und locker bleiben!", sagte dieser als erstes. „Mach' Dir bloß nicht so einen Druck. Dann verkrampfst Du und genau das merken die Leute. Du hast doch nichts zu verlieren, sondern kannst nur gewinnen. Genau das musst Du Dir auch immer wieder sagen. Wie viele Telefonate hast Du denn bisher geführt?", fragte Jonas interessiert.
„Fünf!" – Stille am anderen Ende der Leitung. „Bist Du noch dran, Jonas?", fragte er.
„Füüüünf?", fragte Jonas nach und zog das Wort so lange, als ob dessen Aussprache eine Sensation per se gewesen wäre. Und noch einmal: „Füüüüüünf?", und dabei hob er zum Ende hin seine Stimme wie bei einem Raketenstart. „Und nach fünf Gesprächen mit fünf Absagen wirst Du schon nervös und fängst an zu zweifeln? Bei fünf Anrufen spreche ich doch noch nicht von Fleiß, noch nicht einmal von einem Versuch. Sei mir nicht böse, aber das ist nichts. Ich glaube, da muss ich Dir mal ein bisschen deutlicher sagen, wie das läuft, wenn es um Erfolg und Karriere geht. Das ist nämlich wie im Fitnessstudio, wenn Du unter der Hantel beim Bankdrücken liegst. Zehnmal das Teil hochstemmen, das kann jeder. 15 Mal kriegen das auch noch viele hin. Aber dann kommt man in den

Schmerzbereich. Und das eine Mal, oder auch der eine Satz, der folgt und den Du mit allerletzter Kraft durchziehst, obwohl Du denkst, es geht nicht mehr, das ist der, der Dich voranbringt und der Deine Muskeln wachsen lässt. Der eine, der Dir Schmerzen bereitet. Es muss nämlich wehtun, sonst ist das alles Kinderkram. Das ist wie in unserer Branche. Man, Du hast hier die Chance Deines Lebens vor Dir – und tust darüber hinaus anderen auch noch etwas Gutes damit. Ein echtes Geschenk. Aber Du kannst doch nicht ernsthaft glauben, dass Du mit lächerlichen fünf Anrufen einen Treffer landest. Geschenke verteilt der Weihnachtsmann, den gibt es aber in unserem Business nicht. Weißt Du was? Ich verrate Dir jetzt mal ein Geheimnis, was Dich schocken wird. Aber danach wirst Du bestimmt kapieren, dass es ganz allein von Dir, Deinem Fleiß, auf Dein Durchhaltevermögen und vor allem auf Dein Mindset ankommt, damit Du hier bei uns die Erfolgsleiter erklimmst. Ungefähr 90 Prozent aller, die in unserer Branche starten, sind nach zwei bis drei Jahren auch wieder weg, oder haben sich von ihren großen Zielen und ihren Träumen weitestgehend verabschiedet und sich mit einem abgespeckten Lower-Performance-Dasein abgefunden. Nicht, weil die Company sie rauswirft, oder weil sie Pech hatten. Nein, mein Lieber, das hat bei uns nichts, absolut nichts mit Glück oder Pech zu tun. Vielmehr sind das genau diejenigen, die nicht leidenschaftlich genug gearbeitet haben, die nicht fleißig genug waren, die aufgegeben haben, weil sie mal ein paar Niederlagen einstecken mussten – auch ein paar mehr, und denen es im Kopf an Identifikation gemangelt hat. Überlege mal: Der Deutsche Fußballbund, der DFB, ist die größte Sportvereinigung der Welt. Jedes Jahr kommen zig Tausende Kinder in die Clubs. Und jeder will Nationalspieler werden. Tausende von denen kicken später noch in der einen oder anderen Auswahl, sind auf Sport-Internaten, werden von Talentscouts entdeckt. Aber die werden weder alle Profispieler noch bekommen die alle einen Vertrag in einem Top-Club von England, Spanien, Italien oder Deutschland oder werden gar Nationalspieler. Und warum? Talent haben viele. Die können alle richtig gut Fußball spielen, aber ihnen fehlen oft die letzten paar Prozent. Einsatz, Wille, Trainingsfleiß, Hingabe und Biss. Viele sind nicht bereit, das Letzte und damit Beste aus sich rauszuholen, oder sie geben zu früh auf. Würden die alle ackern und sich schinden wie einst der Schweinsteiger oder auch Ronaldo, von dem man weiß, dass der noch trainiert hat, wenn die anderen Teamkollegen schon im Auto auf dem Weg nach Hause sitzen, dann würde unsere deutsche Mannschaft regelrecht überlaufen vor Super-Spielern. Und bei uns Networkern ist das genau das gleiche. Machen, machen, machen, üben, üben, üben und dranbleiben. Ich kenne Leute bei uns, bei denen hat die ersten Wochen nichts, aber auch rein gar nichts funktioniert, dennoch haben sie durchgehalten und sind jetzt an der Spitze. Die waren fleißig, haben sich nicht beirren lassen und sind hart am Ball geblieben. Du willst einen Tipp von mir? Ich gebe Dir sogar zwei: 1. Hör' auf an Dir zu zweifeln, sondern mach' es einfach, immer weiter und weiter, bis es klappt. Und der zweite – sprich mit Leuten, die es geschafft haben. Lass Dir von denen erzählen, wie sie dahin gekommen sind, wo sie heute sind. Alle anderen, das sind Schaumschläger und Labertaschen, die nichts erreicht haben, aber auf supererfolgreich machen. Okay?", betonte Jonas nach und fügte hinzu: „ Die meisten überschätzen, was in kurzer Zeit machbar ist und was sie hier erreichen könnten, aber sie unterschätzen zugleich, was langfristig möglich ist. Sorry, das sollte keine Predigt werden, aber denke bloß nicht, dass es bei mir anders war und ich hier gleich vom Start weg alles gerissen habe, was nur geht. Denkste! Durchbeißen, dranbleiben und nicht umfallen, darum geht es und dass es im Kopf stimmt. Deine Einstellung muss wie ein Navi exakt und supergenau gepoolt und justiert sein, und Du solltest Dein WARUM kennen, wofür Du das hier machst, dann kommst Du auch ans Ziel!"

Das hatte gesessen! Nach dem Telefonat starrte er auf seine Unterlagen. Hörte sich plausibel an, was Jonas ihm gesagt hatte. Sehr überzeugend. Aber sollte er seine ganzen Kontakte regelrecht „abfackeln"? Er war unsicher, was er tun sollte. Was, wenn er nachher zwar kräftig probiert und geübt hatte, aber keine Namen mehr auf seiner Liste standen, wenn seine ganzen Kontakte aufgebraucht waren? Dann wäre doch Ende mit seinem Traum gewesen, oder? Er beschloss noch ein bis zwei Versuche zu starten. Jonas hatte recht. Dranbleiben, musste die Losung heißen.

Wie beinahe zu erwarten verliefen aber auch die nächsten beiden Versuche nicht besser. Es hagelte Neins und Absagen. Sch....! Für heute war ihm die Lust vergangen. Morgen war bestimmt ein besserer Tag. Damit musste man rechnen, es gab immer Tage an denen kaum etwas oder sogar überhaupt nichts lief. So ist das nun mal und heute, dieser heutige Sonntag war eben einer dieser Null-und-nichts-Sorte. Aber morgen, da würde er endlich die Welt aufmischen und einen Coup nach dem nächsten landen. So viel war schon mal klar … immerhin.

Pleiten, Pech und Schadenfreude

„Na, den Ferrari schon bestellt?", witzelte Lisa als sie zurückkam und lässig ihre Sporttasche in die Ecke vom Flur warf. „Wie viel Millionen hast Du denn heute schon gescheffelt!", neckte sie ihn.
„Hör' auf, das nervt!", brummte er. „Aber wenn es so wäre und ich wirklich schon voll in der Erfolgsspur wäre, würdest Du doch auch nicht nein sagen. Komm, gib es zu. Schön verreisen, schicke Hotels, ein fettes Auto, angesagte Klamotten – da wärest Du doch eine der ersten, die die Kreditkarte fliegen lassen würde, kannst es ruhig zugeben!", zickte er zurück.
„Seit Du mit diesem Business angefangen hast, bist Du nur noch mies gelaunt!", entgegnete sie.
„Ach, ich bin mies gelaunt? Was soll das denn nun schon wieder. Du bist es doch, die nur an mir rummeckert und genervt ist, anstatt mich mal zu unterstützen. Schon mal dran gedacht, wie das wäre?"
„Jetzt bin ich wohl auch noch Schuld, weil Du auf so einen Augenwischer-Laden reingefallen bist, was? Na, Du machst mir ja Spaß. Du willst zusätzlich Geld verdienen? Gute Idee, finde ich prima, dass Du so etwas vorhast. Aber dann bitte auf die anständige Art. Andere schaffen das ja auch. Werd' Barista im Coffeeshop, fahr' wegen mir Taxi, oder stell' was im Internet auf die Beine. Das machen andere auch …!"
„Danke für die Tipps. Fehlt nur noch, dass ich Frikadellen für Burger beim großen goldenen M brutzeln soll. Das machen andere ja auch. Die sind ja alle auch so weit gekommen. An jeder Ecke steht ein Millionär, der vom Patty-Grillen reich geworden ist. Echt schlau, Deine Ideen. Lernt man das im BWL-Studium?" Er

musste sich regelrecht bremsen, um nicht auszuflippen und nicht komplett in die Luft zu gehen. Was war das bloß für ein Sonntag heute? Da ging ja wohl alles schief – erst der Network-Fehlstart, dann der Zoff mit seiner Freundin. Was würde wohl heute noch passieren?

Er meldete sich telefonisch bei seinen Eltern. Das machte er immer so am Wochenende. Denn eigentlich hatte er ja einen guten Draht zu ihnen – eigentlich! Umso mehr tat ihm sein letzter Abgang im Streit bei ihnen leid. Aber kaum hatte er mit seiner Mutter die ersten Worte gewechselt, tat ihm sein Anruf schon leid. Denn nach nur wenigen Sätzen hatte er seinen Vater am Hörer und der fing gleich wieder mit dem Thema an, warum es beim letzten Mal Krach gegeben hatte. „Hast Du Deine Traumtänzerei beendet und abgeblasen?", fragte er mit einem leichten sarkastischen Unterton.
„Nein, ich fang' sogar erst richtig an!", schoss er gleich auf Krawall gebürstet zurück. Und schon ging das Drama wieder los. Ein Wort ergab das andere. Sein Vater betete ihm den vollen Mahn-Gesang runter. Die ganze „Hab-ich-Dir-doch-gesagt-Story" und mahnte an, dass er endlich seine Hirngespinste beenden solle und seine Traumschlösser einreißen muss. „Geh' richtig vernünftig arbeiten, wenn Du etwas erreichen willst. Mehr verdienen, kommt von mehr arbeiten. Das war schon immer so und wird auch so bleiben. Da wird auch Deine junge Generation nichts dran ändern. Auch, wenn ihr ja alles geschenkt haben wollt und die Arbeit nicht erfunden habt, sondern lieber nur an Eurem Smartphone spielt. Spätestens wenn Eure Rente nicht reicht und ihr nichts mehr auf dem Teller habt, dann werdet auch ihr merken, dass ihr mal lieber hättet auf die Alten hören sollen. Von Träumereien ist noch keiner reich geworden. Wenn das so einfach wäre, wie Du denkst und wie diese Geschichtenerzähler Dir da auf dieser Lock-Veranstaltung weiß machen wollten, dann würde das ja jeder machen!", motzte sein Vater.
„Ja, Du hast recht – wie immer …!", beendete er das Telefonat. Er hatte einfach keine Lust mehr auf diese elendige Diskussion und wollte nur noch halbwegs elegant das Gespräch beenden, ohne weiteres Öl ins Feuer zu gießen. Für heute hatte er einfach genug. Das war ein richtig mieser Sonntag. Ein Tag zum vergessen! Und dennoch, eine positive Seite hatte das Ganze irgendwie doch: Denn er

spürte, wie in ihm der Trotz hochkam. Ein riesiger imaginärer ausgestreckter Mittelfinger war vor seinem geistigen Auge zu sehen. Vom Träumen ist noch keiner reich geworden? Von wegen! Aber ich habe keinen Traum, ich habe eine Vision, kristallklar! Ihr werdet es sehen und Euch wundern, allesamt. Wie stand es in den Unterlagen seiner neuen Company? „Achte auf Deine Gedanken, denn sie können wahr werden!" – Genau, und deshalb war er mit seinen Gedanken genau da, wo er sein wollte – in seiner Vision, in seiner eigenen Zukunft, die er sich bunt und detailliert in seinem Kopf ausmalte. Das Bild, das er jetzt sah, das war seine Realität von morgen. Ein Lächeln huschte über sein Gesicht und er spürte förmlich, wie der Hebel in seinem Inneren umgelegt wurde. Jetzt erst Recht! Sturmangriff auf den Erfolg!

Meine Upline - Freund, Mentor & Förderer

Das Erste, was Networker in seiner Situation tun, ist, die Upline zu kontaktieren. Und genau das tat er. Denn darauf wurde auch bei der Business-Präsentation von allen Speakern und Protagonisten immer wieder hingewiesen. „Brauchst Du Hilfe auf die Schnelle, ist die Upline schon zur Stelle!"

„Können wir uns heute nach meinem Feierabend treffen? Wäre prima!", fragte er Lenny Meier, den er vor seiner Arbeit angerufen hatte. Ein bisschen komisch kam er sich schon vor, morgens um 7.30 Uhr bei jemandem anzurufen. Aber anders ging es ja nicht. Während der Arbeit war ihm das viel zu heikel. Nicht auszudenken, wenn quasi die Ohren der anderen neugierig um die Ecke wachsen und lauschen würden, was er zu besprechen hatte. Allein, was dann wieder im „Flurfunk" – wie man hier das allgemeine Getratsche und die Gerüchteküche nannte – los wäre. Und außerdem hatte Lenny Meier mehrfach angeboten, dass er jederzeit für ihn erreichbar wäre und ihn unterstützen würde.
„Finde ich gut, dass Sie anrufen. Ich hätte mich sonst heute auch bei Ihnen gemeldet!", freute sich Lenny und die beiden verabredeten sich nach Feierabend im Bistro „Passive Income" in der City, was für ihn eh auf dem Weg lag.

Er freute sich auf das Treffen. Sogar so sehr, dass die Zeit im Job schneller zu verfliegen schien. Eins hatte er sich fest vorgenommen: Kein Wort zu niemanden. Auch nicht zu seinem Kumpel und Kollegen Alex, mit dem er die Mittagspause verbrachte. Der war sowieso immer so eine Tratschtante, der von allem und jedem die Neuigkeiten wusste und sie fröhlich im ganzen Laden verbreitete. Nein, er hielt dicht, erzählte ihm, dass er das ganze Wochenende nur relaxt hätte und außerdem hätte er ja seit ein paar Monaten eine knackige Freundin. „Du weißt schon, was da läuft …, öfter mal die Schlafzimmerdecke anschauen!", grinste er schelmisch. Ja, Alex wusste nur zu gut, was gemeint war. Aber was er nicht wusste, war, was sein lieber Kollege mit ihm noch vorhatte. Aber erst später, wenn er richtig fit in seiner neuen Herausforderung war. Denn Alex, das sollte einer seiner ersten Partner werden, ein direkter Geschäftspartner, oder wie es im Network-Deutsch hieß eine „Firstline". Das hatte er sich schon im Hotel auf der Geschäftspräsentation vorgenommen, als es darum ging, dass die Teilnehmer sich einmal eine Liste mit möglichen Kandidaten notieren sollten und gleich neben den Namen vermerken sollten, warum sie den Namen aufgeschrieben hatten. Er hatte so einige auf dem Zettel und bei Alex stand: „Kennt Gott und die Welt, ist immer gut drauf" – eine gute Qualifikation für künftige Networker …

„Na, wie war der Tag heute? Und noch wichtiger – wie war das Wochenende?", fragte Lenny Meier schon bei der Begrüßung im Bistro. „Ich war ein paar Minuten zu früh hier und hab mir schon mal so meine Gedanken gemacht und mir überlegt, was bei Ihnen alles so möglich ist. Ich glaube eine ganze Menge. Zusammen werden wir beide da schon ein gutes Stück vorankommen, denn ich werde Sie so gut ich kann supporten. Aber dafür müssen wir vor allem miteinander sehr offen umgehen! Also, wie ist es bisher gelaufen und wo kann ich helfen?"
Er senkte leicht den Kopf und wusste im ersten Moment nicht gleich, wie er reagieren und antworten soll. Dann aber gab er offen und unumwunden zu: „Tja, um es einfach zu sagen: bescheiden! Nichts ist gelaufen, außer dass ich mir lauter Absagen eingefangen habe und mir einen blöden Text nach dem anderen von meinen Leuten abgeholt habe. Wirklich deprimierend. Ich war gestern echt angenervt und habe deshalb dann auch aufgehört. Außerdem habe ich mit meinem

Kumpel Jonas gesprochen. Sie wissen doch, den ich im Hotel getroffen hatte …!"
„Na klar, unser Senkrechtstarter. Das ist voll okay. Aber – nur als Tipp gleich vorweg: Wenn Ihnen irgendetwas auf der Seele brennt – rufen Sie mich bitte an. Immer und überall. Zu jeder Tages- und Nachtzeit. Dafür bin ich als Ihre Upline da. Und so wird es Ihnen später auch gehen, wenn Sie als Führungskraft aktiv sind. Denn bei uns geht es um Teamwork. Hier ist einer für den anderen da. Das sind keine hohlen Phrasen oder leere Worte, sondern gelebte und erlebte Realität. Und gerade zwischen uns beiden sollte der Draht immer glühen und stets absolute Offenheit und Vertrauen herrschen, okay?", hakte Lenny Meier nach.
Er nickte zustimmend. So merkwürdig es klingt: Aber Lennys Worte gaben ihm ein gutes Gefühl, eines von Sicherheit und sie vertieften zugleich sein Vertrauen – in seine Upline namens Meier als auch in die Company und irgendwie in noch etwas mehr …

„Wissen Sie, dass es gestern nicht gleich geklappt hat, ist wirklich okay. Nein, es ist beinahe gut. Denn Sie sitzen ja noch hier. Und genau das ist das Wichtigste. Das ist, was zählt. Denn Sie glauben an die Sache, an unsere Produkte und daran, dass Sie anderen weiterhelfen können, dass Sie ihnen das Leben ein Stück weit leichter machen werden. Das ist, was zählt. Und damit glauben Sie an sich, an mich, an uns, aber auch an das Geschäft und das System …!", erklärte Lenny Meier.

Das war es – das System. Das war es, worauf er kurz zuvor nicht gekommen war, als er in sich Vertrauen spürte. Ja, diese außergewöhnliche Methode der Branche, die Arbeitsweise und alles, was damit zusammenhing, das hatte ihn sofort fasziniert, hatte ihn bei der Präsentation gepackt. Hier ging es um ihn, um seine Leistung, um das, was er erreichte. Ganz pragmatisch. Stimmte die Zahl unterm Strich, war das ein Schritt auf der Karriereleiter weiter nach oben. Niemand, der ihn nach Lust und Laune, nach Nase und nach Willkür beurteilte.

„Die Einstellung muss stimmen, und zwar zu 100 Prozent. Dann kommt der Erfolg fast von allein!", erklärte Lenny Meier. „Nichts ist schlimmer als Zweifel.

Wer an sich zweifelt, kann andere nicht überzeugen oder Vertrauen aufbauen. Wer am Geschäft oder Produkten zweifelt und den Möglichkeiten, wird niemals die nötige Power entwickeln und seine PS auf die Straße bringen, um mit Vollgas voranzukommen. Wer es an Spaß, an Überzeugung und an wirklich echter Leidenschaft fehlen lässt, der kann doch andere nicht sponsern, weil er niemals Begeisterung in ihnen wecken wird. Wie heißt es so schön? In einem faulen Apfel fühlen sich nur Maden wohl …!", erklärte Lenny Meier.

„Alles klar, hab ich kapiert. Aber wie hilft mir das weiter, wenn ich nun endlich mal den ersten Kunden gewinnen möchte? Ich finde das System absolut genial. Und ich weiß, dass zwischen uns die Chemie passt. Doch ich muss jetzt endlich mal Produktnutzer finden – aber wie?", erwiderte er und schaute dabei Lenny Meier wissbegierig an.

Der lächelte: „Genau mit dieser richtigen Einstellung. Sie müssen das ‚Produkt vom Produkt' sein, es verkörpern, es lieben und leben. ‚Be the product of the product'! Lieben Sie das Produkt, verehren, lieben und feiern Sie es, feiern Sie es und teilen Sie seine fantastische Wirkung mit Ihren Freunden, Bekannten und Verwandten!", beschwor Lenny Meier ihn voller Inbrunst. „Und arbeiten Sie mit dem richtigen Wording! Wie haben Sie denn die Leute auf Ihrer Liste angesprochen? Was haben Sie denen gesagt?", fragte Lenny und forderte ihn freudig auf, mit ihm einmal das Gespräch zu üben. Satz für Satz arbeiteten sie durch und zunehmend wurden mehr Fehler zu Tage gefördert. Meist nur Kleinigkeiten. Hier mal eine falsche Betonung, da mal ein falsches Wort am falschen Platz, was aber wiederum für den Sinn und für den Transport der Nachricht zum Empfänger von entscheidender Bedeutung war. Und alles zu sehr auf sich und sein Ego bezogen. Ich habe, ich kann, ich will, ich werde …
„Nehmen Sie Ihr Ego so weit wie möglich zurück und ganz wichtig – halten Sie sich an das, was in den Unterlagen steht. Zwar sprechen Sie unbedingt mit ihren eigenen Worten, damit alles auch authentisch ist, denn Interessenten wollen Sie und keine Schauspieler, aber dennoch sollten Sie sich an das halten, was wir Ihnen mit auf den Weg geben. Denn das ist tausendfach erprobt und hat sich mehr

als bewährt. Sie müssen das Rad nicht neu erfinden – dass rollt nämlich schon. Alles, was Sie benötigen, jedes Werkzeug bekommen Sie von uns – zuverlässig und geeignet. Denn in unserem Geschäft brauchen Sie nichts zu investieren, auch keine Idee neu auszubrüten. Es ist quasi „Done for you", alles fix und fertig und für Sie zur sofortigen Anwendung bereit. Sie brauchen das System jetzt nur noch zu nutzen und anzuwenden, um genau den Erfolg zu erzielen, den Sie erreichen möchten und um genau das Ziel zu erreichen, das Sie sich gesteckt haben. Dabei geht es um das Machen – und zwar wie gut und wie oft. Tun Sie das Richtige richtig und oft genug richtig. Fokussieren Sie sich immer auf den Nutzen für die Menschen. Helfen Sie ihnen und bieten Sie ihnen das an, was ihnen hilft, was ihnen einen Mehrwert bietet!", verdeutlichte Lenny die Vorgehensweise im Network-Marketing-Business.

Mit jedem Wort schien er ein Stückchen zu wachsen, sein Rücken wurde immer gerader und er fühlte sich stärker und stärker. Motivation hieß das Zauberwort. Genau die spürte er jetzt. Er war motiviert – bis unter die Haarspitzen und dabei konnte er sich irgendwie ein Grinsen nicht verkneifen. Grinsen? Nein, es war vielmehr ein Hauch von Siegerlächeln, eine innere Freude, die ihn erfüllte. Verdammt, was hatte er für ein Glück, dass er Lenny Meier als Mentor hatte – einer, der sein Geschäft verstand, der wusste, wie man es erklärte und der ihm fast schon aus der Seele sprach. Und der, wie er mittlerweile schon erfahren hatte, recht erfolgreich war. Er spürte es: Im Kopf war die passende Erfolgsmatrix zurechtgelegt, ein Raster, das ihm sicher den rechten Weg zeigen würde. Sein „Hirn-Navi" war eingestellt: Ziel: Erfolg. Route: Gewinnung von Produktnutzern mit vorhandenem Bedarf. Mindset und Motivation – voll auf Kurs. Seine nächste Aufgabe lautete daher: Raus aus der Theorie, rein in die Praxis, und das bedeutete, machen, einfach nur machen und immer wieder machen … „Let's do it!", heizte er sich selber an.

Es klappt – der erste Kunde

Das erste, was er bei seinem nächsten Anruf, den er noch am gleichen Abend von zu Hause aus machte, änderte, war, dass er nicht gleich mit der Tür ins Haus fiel. Nein, er nahm sich Zeit für ein Intro und fragte dabei seinen Kumpel, wie es ihm geht, was er macht und und und. „Wollen wir uns nicht mal wiedersehen?", fragte er schließlich und in einem Atemzug schickte er gleich noch eine Botschaft hinterher, die vielversprechend klang: „Lass uns mal ein Bierchen zischen und dabei zeige ich Dir noch 'was, das wird Dich umhauen, versprochen. Ich weiß, dass Du darauf voll abfahren wirst!", lockte er und baute so eine heftige Spannung auf.

„Was denn? Sag' schon – neue Freundin in Aussicht?", fragte Matty, ein Bekannter, den er vom Sport her kannte.

„Nix da, ich bin noch immer mit Lisa zusammen. Läuft blendend – und hoffentlich bleibt das auch so. Lisa ist cool, wir verstehen uns bestens. Aber meine Überraschung verrate ich Dir nicht am Telefon, sonst wäre es ja wohl keine Überraschung mehr, oder? Also, bleib mal schön gespannt. Was meinst Du – bist Du spontan? Wollen wir uns heute abend sehen?", fragte er ganz unverblümt.

„Klaro, jetzt hast Du mich schon so angefixt, da kann ich doch nicht mehr länger warten. Alles klar, see you …!"

Keine zwei Stunden später saßen die beiden zusammen, erzählten sich Anekdoten aus alten Zeiten. Ganz systematisch wurden die Themen quasi der Reihe nach abgearbeitet. Erst drehte sich alles um die News aus der Welt des Sports – was läuft in den Clubs, was machen die deutschen Teams in der Champions League, wer hatte sich mal wieder so richtig blamiert und wer war auf dem aufsteigenden Ast? Nächstes Thema – die Damenwelt. Wie zwei ließen in recht männlicher Manier nichts aus und erzählten sich gegenseitig die aktuellen Neuigkeiten aus ihren Kreisen. „So, und was ist jetzt mit Dir?", wollte Matty letztendlich wissen und fügte lachend hinzu: „Raus mit der Sprache, was gibt es Neues bei Dir …?"

Auftritt! Action! Rein ins Thema, genauso, wie er es sich seit dem Wochenende zig mal durchgelesen und wie er es geübt hatte. Dabei nahm er sich zurück, achtete darauf nicht von sich zu sprechen und keine überflüssigen Faseleien loszulassen. Er konzentrierte sich ganz darauf, überzeugend den Nutzen des Produkts vorzustellen, aber nicht anzupreisen, als ob er auf einem Marktschreier-Wettbewerb wäre. Und – ganz wichtig – nicht zu viel reden. Denn auch diesen Satz, den Lenny Meier ihm beim letzten Treffen gesagt hatte, hatte er sich gemerkt und der lautete: „Du hättest mehr erreicht und der Interessent hätte schon lange zugestimmt, wenn Du nicht so viel geredet hättest!"

„Hey, hört sich gut an! Kann ich das probieren?"
„Klar, das ist genau richtig für Dich, Wetten, dass Du begeistert sein wirst? Versprochen!", betonte er und versuchte dabei, das Wort „ich" weitestgehend zu vermeiden. „Für Dich kümmere ich mich drum und bestell Dir alles Nötige. Das geht klar – versprochen!", sagte er und reichte Matty die Hand, damit dieser einschlug.

Er hätte schreien können. Yeahhhh! Am liebsten wäre er jetzt vor Freude aufgesprungen und hätte einen irrwitzigen Dancefloor-Move aufgeführt. Sein erstes Geschäft. Sein erster Kunde! Geschafft. Er hatte seinen ersten Deal unter Dach und Fach. Sein erster Produktnutzer hatte eingeschlagen. Hammer! Und das Beste daran: Es war überhaupt nicht schwierig, ganz und gar nicht. Regelrecht easy, schoss es ihm durch den Kopf. Und dabei konnte er sich einen leichten Grinser nicht verkneifen.

„Helfen Sie dem Interessenten und bieten Sie ihm das an, was er wirklich braucht. Decken Sie seinen Bedarf!", das war es, was Lenny Meier ihm verstärkt ins Gewissen geredet hatte. „Wir wollen glückliche und zufriedene Kunden. Es geht um einen kundenorientierten Verkauf, darum, dass der Kunde nicht anschließend das Gefühl hat, überrumpelt worden zu sein und das Geschäft gleich wieder rückgängig machen will. Schließlich sprechen wir von Produktnutzern, also Menschen, die unser Produkt gern nutzen, es anwenden, weil sie es brauchen und von seiner Güte überzeugt sind. Wir machen Leute glücklich, die unsere Produkte brauchen und froh sind, sie zu bekommen. Wir helfen ihnen damit weiter und erleichtern so ihr Leben!", hatte Lenny ihm mit Nachdruck gesagt. Genauso wie er es heute bei

Matty gemacht hatte. Exakt so, und genauso funktionierte es. Er ballte die Fäuste, als er nach dem dritten Bierchen den Heimweg von Matty antrat und unten auf der Straße stand. Es hatte geklappt. Das System funktionierte und dabei hatte er noch nicht einmal die leiseste Ahnung wie sehr es funktionierte. Denn das, was er heute erlebt hatte, war das Ergebnis dessen, was er gelernt und verinnerlicht hatte. Aber auch davon, dass er sich exakt an die Vorgaben gehalten hatte. Doch es war erst der Anfang, ein minimaler Glitzerfunke am Firmament, noch lange kein Komet und erst recht noch kein Feuerwerk. Aber, und da war er sich sicher, wenn er jetzt konzentriert am Ball bleiben würde, würde all das kommen. Der große Bang mit Knalleffekt, der sich Erfolg nannte.

Kaum Zuhause angekommen, griff er sich gleich wieder die Unterlagen. Und ein paar Termine hatte er vom Handy aus gemacht. Nutze Deine Hochstimmung. Deine gute Laune wird anstecken!", sagte er sich selber und säuselte regelrecht ins Handy, als er auf dem Weg nach Hause war. Und seine Trefferquote gab ihm recht. Zwei Absagen – na und, war doch deren Problem, was die versäumten. Aber dafür hatte er schon drei weitere Zusagen erhalten! Der Knoten war geplatzt, wenn es auch erst der erste kleine war, aber immerhin. Und genau das freute ihn, dass er hätte laut durch die Straßen jubeln können.

Er warf sich beschwingt aufs Sofa, rief Lenny Meier an und berichtete überschwänglich von seinem ersten Coup, von seinem ersten Geschäft. „Klasse! Ich gratuliere! Gut gemacht. Und – ich wusste, dass Sie es schaffen. Aber denken Sie daran, das war erst der Anfang ...!", lobte Lenny.

Er hatte dabei das Gefühl, dass Lenny Meier es absolut ernst meinte – jedes einzelne Wort. Wow, soviel Lob auf einen Haufen hatte er schon lange nicht mehr erhalten. Man, das tat gut und lief runter wie Öl. Da konnte man sich durchaus dran gewöhnen. Der Start war gelungen. Und genau dieses Gefühl durchströmte ihn, als er sich auf der Couch wieder den Unterlagen widmete. Darin las er einen Satz, der ihn richtig packte: You can't go back in time and change the beginning. But you can start where you are. Change the ending! Oh ja, genau das habe ich heute getan. Ein neuer Start, wo er gerade war und er würde bestimmen wie es weiter geht. Er würde eben nicht im Kleingarten mit Spießerzaun und 0815-Klamotten enden. Das hatte er sich geschworen und anderen gegenüber angekündigt. Heute abend wusste er, dass er sein eigenes Startsignal gezündet hatte – der Start in ein neues Leben, in ein neues Glück, in eine neue Dimension!

Wiederholen als Mutter des Erfolges

Ob der berühmte Knoten schon geplatzt war? Er wusste es nicht! Wie Lenny Meier richtig erkannt und gesagt hatte: Es war erst der Anfang. Es war erst ein Termin und es war erst ein Ja – wenngleich es das erste war, und genau das war ein besonderes Ja. „Um in unserer Branche langfristig Erfolg zu haben und eben nicht nur ein kurzes Strohfeuer zu entzünden, bedarf es vor allem eins: die Bereitschaft stetig zu lernen und die Lust daran, sich jeden Tag ein Stückchen zu verbessern. Denn Stillstand ist Rückschritt!", hatte Lenny Meier ihm gesagt. Machte Sinn und war nachvollziehbar.

Als sie beide am nächsten Tag wieder zusammensaßen, um die nächsten Aktivitäten zu besprechen, präsentierte er seinem Mentor voller Stolz drei neue fest zugesagte Termine. „Prima. Sie haben also an jedem Tag ein Gespräch! Das ist sehr gut. Aber haben sie sich auch schon mal selber gefragt, wie viele Termine an einem Tag für Sie generell machbar wären? Und wie viele Termine das pro Woche ergeben würde? Und vor allem – was käme dabei unterm Strich für Sie und Ihre neue Karriere raus?", fragte Lenny nach und grinste mit einem Augenzwinkern. Er rollte kurz mit den Augen, als ob er in Gedanken schon beim Addieren wäre und antwortete: „Drei Gespräche pro Tag wären sicherlich machbar ...!"
„Sehen Sie, da kommt eine ganz andere Dynamik ins Geschäft und vor allem – es gibt keine bessere Übung als ‚Training on the job'. Praxis ist die beste Übung, um immer sicherer zu werden. Aber, um in der Praxis zu bestehen, sollten Sie die Gesprächsleitfäden, die Einwandbehandlungen und alles was dazu gehört in- und auswendig draufhaben. Wenn ich Sie nachts um 3 Uhr anrufe und Sie fragen würde, wie Sie einen Termin fixen, wie Sie dem Interessenten ein Angebot unter-

breiten oder seinen Bedarf ermitteln – Sie müssten wie aus der Pistole geschossen antworten können. Ja, all die Texte und Gespräche müssen Sie sprichwörtlich im Schlaf beherrschen. Und um das zu erreichen, ist eines nötig: üben, anwenden, üben, anwenden und alles wieder von vorn ...!", bekräftigte Lenny Meier.

„Dann erreiche ich auch schneller meine Ziele, oder?", hakte er ein.

„Schneller? Das würde ich nicht unbedingt sagen, aber bestimmt sicherer. Aber wenn ich Ihnen noch einen wichtigen Rat geben darf ...!", hob Lenny die Stimme.

„... Sie dürfen – immer ...!", schob er schnell ein.

„Ziele zu haben ist wichtig. Damit auch der geistige Kompass entsprechend ausgerichtet ist und Sie wissen, wo Sie hinwollen. Aber verkrampfen Sie nicht an einem Ziel. Viel wichtiger ist der Weg dorthin. Denn auf den haben Sie den größten Einfluss. Ich gebe Ihnen einmal ein einfaches aber anschauliches Beispiel: Wenn Sie in Ihr Navi ein Ziel eingeben, z.B. Hamburg, dann wird das Navi Sie auch genau dahinführen – nämlich nach Hamburg. Aber in der Stadt angekommen zu sein, bringt Sie noch nicht wirklich weiter. Also müssen Sie die Straße und die Hausnummer wissen und eingeben. Erst dann ist Ihr Ziel klar definiert. Wie schnell Sie aber ankommen werden, das liegt im entscheidenden Maße bei Ihnen. Welchen Weg wählen Sie? Wie schnell fahren Sie? Mit welchem Auto fahren Sie? Umfahren Sie Staus oder quälen Sie sich geduldsam durch jeden durch? Nutzen Sie auch Landstraßen oder bleiben Sie stur auf der Autobahn? Merken Sie etwas? Es liegt insbesondere an Ihnen, wie sicher, schnell und bequem Sie ans Ziel kommen, wenn Sie sich voll und ganz auf den Weg konzentrieren. Und das ist in unserer Branche nichts anderes. Sie haben ein Ziel? Sehr gut, das ist auch wichtig. Ich empfehlen Ihnen, dass Sie sich Ihr Ziel und die diversen Unterziele, quasi die einzelnen Etappen auf dem Weg zum großen Ziel, genau aufschreiben. Als ob Sie ein berufliches Lebens-Navi programmiert hätten. Und was brauchen Sie dafür, um diese von Ihnen gewählte ‚Reiseroute' zeitlich und in der Reihenfolge einzuhalten? Sie müssen fit im Job sein. Sie müssen entsprechend viele Produkt- und Geschäftsvorstellungen führen. Sie müssen entsprechend viele Kontakte auf Ihrer Liste haben und dürfen daher niemals die Frage nach Empfehlungen von potenziell neuen Interessenten vernachlässigen oder gar vergessen. Kontakte sind Ihr

Potenzial. Und Sie benötigen eine entsprechende Zahl an Geschäftspartnern. Wie schnell und effektiv Sie all das umsetzen, das liegt ausschließlich an Ihnen – Sie sind dafür verantwortlich, denn Sie allein haben es in der Hand. Machen Sie einen oder drei Termine am Tag? Es ist Ihre Entscheidung – und Ihre Konzentration auf den Prozess! Das Ziel steht ja ohnehin fest. Aber auf das haben Sie selber keinen Einfluss. Sie wissen ja nicht, ob jeder Interessent auch Produktnutzer wird. Aber Sie entscheiden, wie oft Sie Gespräche führen, und damit, wie schnell Sie die nötige Anzahl an Nutzern haben, die Sie benötigen, um Ihr Etappenziel zu erreichen und damit dem großen Ziel wieder ein Stückchen näher zu kommen!", erklärte Lenny Meier anschaulich und fügte zwinkernd hinzu: „Im Network-Business gilt eine Regel, und die lautet ‚Sie machen in dieser Branche drei Jahre eine Grundausbildung und danach haben Sie die große Freude ein Leben lang zu lernen oder besser gesagt weiter hinzu zu lernen!' Das ist doch toll. Denn das bedeutet auch, dass Sie jeden Tag etwas Neues erfahren und erleben. Kein Tag ist wie der andere und es wird somit nie eintönig oder gar langweilig. Mir ist kein Geschäft bekannt, das so etwas von sich behaupten kann. Ihnen?"

„Da brauche ich nur an meine aktuelle Arbeit zu denken. Jeden Tag die gleiche Leier. Da passiert nichts Aufregendes und ich weiß heute schon, wie mein Tag in drei Monaten aussieht – genauso wie der heutige!", bestätigte er Lennys Ausführungen. Wie gut, dass er nun Abwechslung in sein Berufsleben gebracht hatte. Frischer Wind für frische Aufgaben! Und dabei war er ebenso gespannt wie er gleichsam bis in die Haarspitzen motiviert war. High Voltage Networking!

Erstes Level – kleiner Schritt zum großen Ziel

Neuer Tag, neues Glück! Er machte sich früh am Morgen auf den Weg zu seiner Arbeit. Selbst die fiel ihm plötzlich ein Stück weit leichter. Denn er dachte schon daran, wie er nach Feierabend seine nächsten Termine wahrnahm und ein paar weitere vereinbarte. Ganz so, wie er es sich vorgenommen hatte und wie es auf seinem Plan stand, den er gestern abend noch nach dem Gespräch mit Lenny verfasst hatte. Darauf hatte er exakt jede Woche durchgeplant – für die nächsten zwei Monate. Er wusste wie viele Gespräche er pro Tag führen wollte und wie viele Kunden er gewinnen musste, um das nächste Karrierelevel in seiner Partner-Company zu erreichen. Denn das war ja das Beeindruckende an dem System: Es ging nicht nach Schönheit oder Sympathie, sondern ausschließlich nach zählbarer Leistung. Der transparente Karriereplan machte es möglich. Er wusste genau wie viele Produktnutzer er als Kunden gewinnen musste, um einen Step auf der Karriereleiter nach oben zu machen. Also lag es allein an ihm, wie er das packte. Und dafür hatte er sich seinen Plan erarbeitet – natürlich mit Hilfe seines Mentors Lenny.

„Tschüss Alex, bis morgen!", winkte er seinem Kollegen noch nach Feierabend zu und schon machte er sich bestens gelaunt und top motiviert auf den Weg zum nächsten Gespräch. Zweiter Termin, zweiter Kunde. So hatte er es geplant, so sollte es sein. Pünktlich stand er vor der Haustür und klingelte. Alles so machen wie gestern und es würde klappen, das nahm er sich fest vor und setzt sein freundlichstes Lächeln auf. Jana öffnete und bat ihn herein. Er kannte sie von der Berufsschule. Sie hatten zusammen die gleiche Ausbildung gemacht, zwar in unterschiedlichen Unternehmen, hatten aber den Blockunterricht in der gleichen Berufsschule. „Wie läuft's bei dir? erzähl' mal …!", fragte sie interessiert und schon plauderten beide drauf los. Dabei erinnerten sie sich auch gern an ihre gemeinsame Zeit, an die Erlebnisse, die man zusammen erfahren hatte und natürlich wurde über die Lehrer und deren Eigenarten ebenso schonungslos hergezogen wie über die ehemaligen KOllegen aus der Berufsschule. Stück für Stück lenkte er dann das Gespräch schließlich auf sein eigentliches Vorhaben – auf das Produkt, das er Jana vorstellen wollte. Doch so sehr er sich auch mühte, der Funke sprang nicht über. Er preise die Vorzüge an, versuchte ihr deutlich zu machen, wie sehr sie davon profitieren würde und wie wirksam es speziell für sie sei – nichts passierte. Zwar hörte sie sich geduldig alles an, aber von Zustimmung keine Spur. Von einem neuen, nächsten Ja erst recht nicht. „Verdammt, das kann doch nicht sein. Wir haben doch einen guten Draht und sie braucht mein Angebot wirklich!", schoss es ihm durch den Kopf. Aber zu guter Letzt hörte er auf nachzuhaken, sondern ließ das Gespräch mit ein, zwei anderen Themen ausklingen. Denn er wollte nicht den Eindruck bei ihr hinterlassen, sie nur wegen des Geschäfts kontaktiert zu haben. Trotzdem – er war enttäuscht. Und die Enttäuschung wurde noch größer, als er sich verabschiedet hatte und sich auf den Weg zum nächsten seiner heute drei Termine machte. Was war bloß schiefgelaufen? Er wusste es nicht. Also rief er seine Upline an, um sich Mentoren-Rat zu holen. Und ja, eine Portion Motivation und mentaler Aufbau hatte er jetzt auch irgendwie nötig.

„Das ist ganz normal! Machen Sie sich nur nicht verrückt. Nicht jeder Gesprächspartner wird auch gleich Kunde, nicht jeder Termin wird immer ein Erfolg. Genau das ist es, warum ein paar Termine mehr am Tag nützlich sind. Es wäre zu schön, wenn jeder Schuss auch ein Treffer sein würde. Da sieht die Realität leider anders aus. Grundlage unserer Arbeit ist das Gesetz der großen Zahl: sehr viele Termine, sehr viele glückliche Kunden anstatt einen Termin aus dem eventuell ein Produktnutzer resultiert!", machte Lenny ihm deutlich. „Hätten Sie für heute halt nur einen Termin, wie ursprünglich von Ihnen angedacht, wäre der Tag gelaufen. So haben Sie noch ein paar Versuche frei. Alles ist noch drin. Und wenn nicht heute, dann morgen. Nur kein Druck. Dass es geht, das haben hunderte andere vor Ihnen schon bewiesen, und auch Sie haben das ja gestern selber gemerkt, und allein das zählt!", fügte Lenny hinzu.

Okay! Der nächste Termin wartete schon. Er war angekommen und doch ein kleines bisschen nervöser als zuvor. Aber das war es vielleicht. Wahrscheinlich war er zu selbstsicher gewesen, hatte seinen Erfolg schon fest verbucht. Großer Fehler! Das war ihm jetzt klar. „Behandel' jeden Interessenten so, als ob es der Allerwichtigste wäre!" So war es in den Unterlagen zu lesen, und exakt das stimmte auch. Aber genau daran hatte er sich bei Jana nicht wirklich gehalten. Dafür würde er es jetzt umso besser machen. Bei Anne, eine Freundin, die er noch aus der Nachbarschaft seiner Eltern kannte und mit der er nahezu aufgewachsen war. Kaum hatte er ihre gemütliche Studiowohnung betreten, war er hochkonzentriert und dennoch locker genug, um erst einmal Smalltalk zu betreiben. Job, Urlaub, Alltag, Boyfriend – zusammen gab man sich ein Update vom aktuellen Status quo und schon waren beide wieder nach wenigen Augenblicken auf dem Laufenden bei dem jeweils anderen. Genau der richtige Moment, um auf sein Produktangebot zu kommen. Im Gespräch zuvor hatte er schon ergründet, dass Anna sein Angebot gut gebrauchen könne. Na bestens! Jetzt bloß nicht vom System abweichen, alles so machen, wie es vorgegeben war und wie es ja schon tausendfach erfolgreich erprobt worden war. Yes, es lief. Er merkte es und spürte eine leichte Hochstimmung in sich aufsteigen. Ja, ja, innerer Jubel brandete in ihm auf. Sie war dabei, hatte zugestimmt. Er hätte die Fäuste ballen können und vor Freude auf den Tisch springen können. Vorbei und vergessen war die Schmach, dass er vorhin bei Jana kein Glück hatte. Und – ganz wichtig – er hatte vor lauter Euphorie nicht vergessen Anna nach ein paar Empfehlungen zu fragen, also nach Kontakten von ihr, denen er auch einmal so ein Angebot machen und weiterhelfen würde. „Ist doch nur fair, oder? Was ich Dir hier gezeigt habe, das ist doch wirklich klasse. Also sollten auch viele andere in den Genuss kommen, stimmt's? Und da ich nicht jeden Menschen auf der Welt kenne, dass ich sie alle anrufen kann, wäre ich für Deine Hilfe wirklich dankbar. Fünf oder zehn Namen, bei denen Du Dir recht sicher bist, dass sie mein Angebot gut gebrauchen könnten oder ihnen so ein Produkt das Leben erleichtern würde …!", hakte er nach und schon griff Anna zu ihrem Handy und scrollte ihre Kontaktliste durch. Am Ende hatte er sich sieben Namen mit den entsprechenden Telefonnummern notiert. Ein perfektes Date! Und noch einen Gedankenblitz hatte er: Vielleicht würde ja Jana später auch Partnerin und ein oder mehrere dieser Empfehlungen waren schon Ihre ersten Kunden… schoss es ihm durch den Hinterkopf.

Die nächsten Tage waren auch wieder ein Auf und ab. Mal ein Volltreffer, mal eine Niederlage. Auf Sonne folgte Regen und dann kam wieder die Sonne zum Vorschein. Nur dass er mit der Zeit lernte, ein Nein nicht als Niederlage zu betrachten. „That's life, that's business!", sagte er sich dann selbst. Genauso, wie es ihm Lenny Meier gesagt hatte. Die beiden telefonierten täglich, manchmal sogar mehrfach am Tag. Er fühlte sich bei seinem Mentor bestens aufgehoben, super betreut, denn dieser gab ihm das echte Gefühl von Rückhalt und Sicherheit. Vor allem, wenn ihm eine Situation mal unbekannt und ungewohnt vorkam. Lenny Meier wusste stets die passende Antwort. What a feeling!

„Sie sind auf einem guten Weg!", lachte Lenny ihn an. „Viel braucht es nicht mehr und sie haben das erste Karrierelevel gemeistert. Hervorragend. Wenn Sie noch einen Zahn zulegen, dann könnten wir Sie vielleicht sogar schon am Monatsende auszeichnen. Ehrungen sind, wie Sie ja wissen und auch bei unserer Geschäftspräsentation live erlebt haben, uns überaus wichtig. Ehre wem Ehre gebührt. Lassen Sie uns mal sehen, was noch zu Ihrem Glück fehlt.

Zusammen gingen die beiden im „Café Freedom" – der Name war geradezu Programm – den aktuellen Ergebnisstand durch. Wie sah es mit dem Umsatz aus? Wie viel Produktnutzer hatte er in den letzten Tagen seit der Opportunity-Präsentation gewonnen? Und wie viele Termine hatte er noch vereinbart und wie viele fehlten noch? Was musste an Umsatz noch produziert werden, um das angestrebte nächste und damit sein erstes Karrierelevel im Marketingplan zu erreichen? „Das sieht gut aus. Ich bin sehr zuversichtlich, dass Sie das packen werden. Was meinen Sie? Schaffen Sie diese Zahl an Gesprächen noch bis Ende nächster Woche?", fragte Lenny und blickte ihn herausfordernd an.

„Das kriege ich hin. Das ist machbar!", beeilte er sich mit seiner Antwort. Und von den Aussichten auf seine erste echte Position beflügelt und fasziniert zugleich, fügte er hinzu: „Ich habe heute noch einen Termin und danach werde ich gleich noch von zu Hause aus neue, weitere Termine vereinbaren. So viele, dass ich auf Nummer sicher gehe, wenn mal einer doch ausfällt oder mich mal ein Nein erwischt!", zwinkerte er Lenny zu.

„Abgemacht!" sagte Lenny.

„Deal!", gab er zurück, packte seine Unterlagen ein und schon verabschiedeten sich die beiden. Für ihn galt es jetzt, nur keine Zeit zu verlieren oder zu vergeuden. Time is money – noch nie hatte er so hautnah und leibhaftig gespürt, wie richtig dieser Spruch war.

Die nächsten Tage hatten ihren festen Rhythmus. Aufstehen, duschen, anziehen, Toast auf die Hand und ab zum Bus. Dann pünktlich zum Job, bis zum Feierabend durchhalten, die Laune behalten und sich bloß nicht ärgern oder ärgern lassen, um die gute Laune bis zum Abend aufrecht zu erhalten. Dann die vereinbarten Termine wahrnehmen und zwar höchst konzentriert, eng am System und den Vorgaben halten, und dann noch anschließend neue Termine vereinbaren. Seine Tage waren wirklich ausgefüllt, pralle voll mit Action, aber er wusste, wofür er das tat und warum er sich so ins Zeug legte. Mit jedem Tag wurde ihm nämlich bewusster: „Das ist nicht nur eine Chance, das ist DEINE Chance. Die hast Du einmal im Leben, also versau' es nicht, sondern gib Gas, gib alles und belohne Dich selbst ...!"

Noch zwei Tage und er lag gut im Rennen, nein, sehr gut. Dann endlich, Freitagabend, 22 Uhr, sein Telefon klingelte. Lenny Meier – wer sonst? Er nahm das Gespräch erwartungsvoll an. „Hallo?"
„Geschafft! Sie haben es geschafft! Herzlichen Glückwunsch!", rief Lenny in den Hörer.
„Echt jetzt?", fragte er fast ein bisschen ungläubig und zugleich überwältigt zurück.
„Ja, Sie sind in dem nächsten Karrierelevel. Das haben Sie toll gemacht. Respekt – und in einer wirklich bemerkenswerten Zeit. Alle Achtung! Sie können stolz auf sich sein. Wirklich prima!", bestätigte Lenny und räumte damit auch die letzten Zweifel aus dem Weg. „Wir sehen uns also morgen bei unserem Meeting, bei dem auch andere Teampartner von mir vertreten sein werden. Und auch meine Upline werden Sie dann einmal kennenlernen. Die wird nämlich die feierlichen Ehrungen persönlich durchführen. Übrigens, schauen Sie mal meinen Facebookpost von heute an, da gab es schon ein paar Hundert Likes für Ihre Leistung! Ich freue mich drauf – und ich bin stolz auf Sie!", ergänze Lenny noch bevor er auflegte.

Stolz auf sie! So etwas hatte er von seinem bisherigen Arbeitgeber noch nie gehört. Noch nicht einmal, als er als einer der zehn Besten die Berufsschule abgeschlossen hatte. Kein Wort, und auch keinen Cent extra. „Nicht gemeckert ist gelobt genug!", so lautete dort vielmehr die Maxime. Und die wurde eisern durchgehalten. „Ich glaube, die wissen gar nicht wie das funktioniert oder was man sagt, wenn man jemanden lobt. Dann fangen die wohl an zu stottern!", sagte er zu sich und schüttelte den Kopf. Umso besser, dass er jetzt voll im Network-Life angekommen war. Die erste Karrierelevel – er hatte es tatsächlich gepackt. Wow, er fühlte sich federleicht, beschwingt, fast schon wie im Rausch. Erfolg – herrlich wie der sich anfühlte. Die Glückshormone tanzten in ihm Tango.

Mit einer euphorischen Mischung aus Glück, Freude, Sieger-Feeling und Stolz ging er am nächsten Tag zum Meeting. Sein Outfit? Dunkelblaues Sakko mit weißen Stepnähten! Joop-Jeans, slim fit, schneeweißes Hemd, geputzte Schuhe, die regelrecht glänzten. Er mochte den Style. Dieser Look verlieh ihm irgendwie ein gutes, ein besonderes Gefühl. Mit diesem Dress strahlte man auch ein gewisses Maß an Jung-Unternehmertum aus, das hatte etwas Offizielles. Man kam sich nicht wichtig, aber irgendwie wertvoll und auch ein kleines Stück weit besonders vor. Ein Gefühl, was Chino, ein Sweater und Sneaker bei allem Tragekomfort nicht vermitteln konnten.

Vor dem Meeting-Ort standen sie wieder – die schicken Karossen, auf Hochglanz poliert, mächtig viel PS unter den Hauben und die reine Verlockung. Irgendwann parke ich mein Gefährt hier auch mal, nahm er sich vor und lächelte in sich hinein. Zugleich aber bremste er sich ein bisschen aus. „Bleib' cool!", mahnte er sich. „Heute ist erst die Ehrung zu Deinem ersten erreichten Karrierelevel, aber immerhin ...!", munterte er sich im gleichen Augenblick wieder selbst auf.

Alles war tadellos hergerichtet. Auf den Tischen Namensschilder, in der Mitte in regelmäßigen Abständen standen Softdrinks bereit. Aus den Lautsprechern tönte motivierender Sound und vorn waren diverse Roll-ups vom Unternehmen aufgestellt. „Schön, dass Sie da sind!", rief Lenny Meier und kam ihm mit ausgestreckter Hand entgegengeeilt. „Das ist heute ein besonderer Tag, den Sie sicher nicht so schnell wieder vergessen werden. Da bin ich mir sehr sicher!", prophezeite er ihm und stellte ihm in den nächsten Minuten immer wieder neue, andere Partner vor, die ebenso zu seinem Team gehörten.
„Alle Achtung! Wie viele Partner haben Sie denn?", fragte er Lenny Meier interessiert.
„Bisher 87 direkte Firstliner und das gesamte Team umfasst zirka 3.000 Partner. Aber das ist noch lange nicht genug. Sie sind mein 88. direkter Partner. Freuen Sie sich schon jetzt auf das Thema Expansion und was damit alles möglich werden kann. Expansion ist nämlich genau das, worum es in unserem Business geht. Die eigene Arbeitskraft vervielfältigen, Duplizieren und dann Multiplizieren, aber das

werden Sie zeitnah alles lernen…!", lachte er und klopfte ihm anerkennend auf die Schulter.

Ein Zeichen ertönte und jeder der Protagonisten suchte sich seinen zugewiesenen Platz bei seinem Namensschild. Lenny Meier stand vorn, hob die Hände als Zeichen, dass er um Ruhe bat. „Meine Damen, meine Herren! Ich darf Sie ganz herzlich heute zu unserem Meeting begrüßen. Schön, dass Sie es alle geschafft haben. Natürlich wollen wir heute zusammen ein bisschen etwas arbeiten, zusammen ein wenig Spaß haben und wir wollen etwas feiern, weil es etwas zu feiern gibt. Einen wirklichen Anlass. Der eine oder die andere wird sich noch daran erinnern können, als es soweit war und Sie Ihr erstes Karrierelevel erreicht hatten. Wie war das? Unbeschreiblich? Prägend? Aufregend? Heute ist es wieder soweit. Wir haben heute 20 Frauen und Männer unter uns, die es geschafft haben, die ihre erste Karriereposition mit harter Arbeit, mit Einsatz, mit Motivation, mit Engagement, mit Willensstärke, mit Fleiß aber auch mit Zuversicht und mit Glaube an sich und unser Geschäft erreicht haben. Fangen wir hier rechts der Reihe nach mit dem jungen Mann an. Er ist ein direkter Geschäftspartner von mir und ich bin stolz ihn hier und heute für seine geleistete Arbeit danken und ehren zu dürfen …!" kündigte Lenny Meier an und rief im gleichen Augenblick seinen Namen auf …

Ja, das ging durch Mark und Bein. Eine Gänsehaut des Triumphes überkam ihn. Ein berauschendes Gefühl erfasste ihn, vor allem, als er merkte, dass alle Blicke auf ihn und nur auf ihn gerichtet waren. Tosender Applaus drang in seine Ohren. Was? Stieg ihm etwa ein Hauch von Schamesröte ins Gesicht? Wenn das sein Vater, seine Eltern jetzt sehen würden. Ob sie dann immer noch so abfällig darüber reden würden, was er jetzt gerade machte? Er wusste es nicht. Tausend Gedanken schossen ihm durch den Kopf. Die Welt schien sich um ihn herum zu drehen, während er sich erhob und die beiden oberen Knöpfe seines Jackets zuknöpfte. Beinahe etwas unsicher schritt er nach vorn auf Lenny Meier zu, der ihn lächelnd erwartete. Was war denn jetzt? Alle anderen im Raum erhoben sich, spendeten weiter Beifall und aus den Lautsprechern rockte Tina Turner ihre Hymne „You're simply the best!"

Endlich hatte er seinen Mentor erreicht, der ihm voller Freude die Hand schüttelte. „Herzlichen Glückwunsch, das haben Sie toll gemacht. Respekt!", sagte Lenny so laut, dass es jeder hören konnte. Wenige Augenblicke später öffnete er eine kleine Samtschatulle, in der eine Ansteck-Pin beinhaltet war. Das Zeichen seiner aktuellen Position. Ehrfurchtsvoll steckte er sie an das rechts Revers seines Anzugs an und riss im selben Moment seinen rechten Arm hoch, als ob er Sieger in einem Boxkampf wäre. Lauter Jubel brandete auf und ein breites, herzliches Lachen überzog sein Gesicht. Unglaublich, was hier gerade ablief. Das war ja wohl die Krönung. Er fühlte sich wie im siebten Himmel und auf rosa-roten Wolken.

Stunden später war er auf dem Weg nach Hause. Immer noch ganz benommen von dem Erlebten und innerlich komplett aufgewühlt. Er konnte es kaum erwarten seiner Freundin zu erzählen, was heute für ein sensationeller Tag war. Eigentlich konnte er das gar nicht wirklich beschreiben, weil er es selber noch gar nicht richtig fassen konnte. Lisa würde staunen und sich kräftig mit ihm freuen. Den Sekt hatte er nämlich schon vorher kaltgestellt, damit gleich der Korken knallen könnte. Er drehte den Schlüssel in der Haustür um und stürmte quasi in seine eigene Wohnung. „Lisa? Lisa, ich bin wieder da …!", rief er. Keine Reaktion. Keine Antwort. Stattdessen fand er nur ein weißes Blatt Papier im Flur an einem Haken der Garderobe aufgespießt, darauf stand zu lesen: Schade, dass Du keine Zeit mehr für mich hast und nur noch andere Leute datest. Bin Dir wohl nicht mehr wichtig. Falls Du Dich an mich erinnerst, dann ruf mich gerne an – Du kennst ja meine Nummer! Kuss Lisa

Schock! Das durfte doch nicht wahr sein. Hatte Sie mit ihm Schluss gemacht? Heute? Ausgerechnet am Tag seines Triumphes? Nein, das war kein Schluss, das war vielleicht ein Warnschuss. Er konnte es nicht fassen. Wieso hatte sie kein Verständnis für sein Engagement? Schließlich würde sie doch auch davon profitieren. Da war sie: Die Ernüchterung auf die große Freude zuvor. Kein Sieg ohne Enttäuschungen! Aber was in seinem neuen Job galt, das zählte auch im Leben: Hinfallen und wieder aufstehen, das ist die Kunst und das Geheimnis des Erfolgs. So wie er sich nicht vom ersten Nein kleinkriegen ließ, so würde er auch diesen

Schrieb von Lisa nicht akzeptieren. Zeit zum Handeln – in jeglicher Hinsicht!

Aufbruch: der erste Geschäftspartner

Zusammen mit einigen anderen direkten Partnern von Lenny Meier hatten sie sich in der Lobby des Hotels getroffen, wo auch vor einigen Monaten die Geschäftspräsentation stattgefunden hatte. Ein Ort, an den er immer wieder gern zurückkehrte, denn hier hatte alles begonnen. Sein Start ins aufregende Network-Business, der Kopfsprung in eine außergewöhnliche Geschäftswelt. Lenny mietete hier immer wieder mal gerne einen Raum, um seine Geschäftspartner um sich zu sammeln, vor allem, wenn er etwas mitzuteilen hatte, was das ganze Team betraf. „Es hat sich viel getan und wir sind als Organisation wirklich auf einem guten Weg. Dafür möchte ich Ihnen und Euch erst einmal herzlich danken. Alle hier sind wirklich topfit darin, wenn es darum geht Menschen mit unseren Produkten glücklich zu machen und zu mehr Wohlbefinden zu verhelfen. Mein Respekt!", sagte er und verneigte sich vor seinem Publikum. „Aber heute geht es darum, einen wichtigen Schritt weiter voranzukommen. Wir wollen wachsen und unsere Energie, unsere Arbeit, unsere Leistungskraft und unser Können vervielfältigen. Maxi, nehmen wir Dich doch mal als Beispiel …!", sagte Lenny und zeigte auf einen jungen Mann, der einer seiner direkten Firstliner war. „Du bist hervorragend bei Kunden, Du kommst bestens an, weißt, was Du wie sagst und Deine Umsatzstatistik ist beeindruckend. Wenn ich mir jetzt vorstelle, dass wir nicht einen Maximilian in unserer Organisation hätten, sondern zehn oder 20 Maxis, und die wären allesamt in Deiner Downline zu finden. Gar nicht auszudenken, wie sich das beim Umsatz und damit beim Erfolg bemerkbar machen würde. Und Deine Karriere? Deine Organisation und Deine Karriere würden regelrecht durch die Decke gehen!", beschwor Lenny Meier seinen Partner und richtete seinen Blick auf alle. „Und bei Ihnen allen wäre es genauso. Wenn Sie sich vervielfältigen würden, sich klonen, indem Sie anderen unsere Arbeitsweise und das Geschäft beibringen und all die genauso erfolgreich machen wie Sie es sind, dann würde Ihr eigenes kleines Unternehmen nahezu vor Kraft und Power explodieren.

Der Trendpfeil würde senkrecht in die Himmel schießen. Und für jeden einzelnen von Ihnen würde das ganz einfach nur eines bedeuten: „Mehr Umsatz, mehr Erfolg, mehr Karriere und mehr Verdienst. Mehr zufriedene Kunden, mehr glückliche Menschen, mehr gute Taten, mehr gespendete Hilfe. Unsere Mission würde erheblich weiter vorankommen. Alles in allem also MEHR!", bekräftigte Lenny. „Sie alle würden die Menschen glücklicher und die Welt zu einem noch besseren Ort machen!", und dabei zeigte er mit dem Finger auf jeden einzelnen Teilnehmer des Expansions-Meetings. „Wie sieht es aus. Sind Sie dabei? Macht Ihr alle mit? Wollen wir wachsen, wollen groß werden, wollen wir durch die Decke schießen?", rief er und als Antwort ertönte fast wie aus einem Chor ein lautes „Jaaaa!"

Wenig später an der Hotelbar stellte er sich neben Lenny, stieß mit seinem Gin-Tonic an dessen Rum-Cola-Gemisch. „Ich bin dabei. Soll ich einfach jemanden ansprechen, so wie Sie das bei mir gemacht haben?", fragte er mit neugierigem Blick. „Das wäre eine Möglichkeit. Aber bevor Sie das machen, tun wir jetzt erst einmal etwas anderes. Wir einigen uns auf das ‚Du', okay?"

„So, um auf Deine Frage zurückzukommen: Selbstverständlich kannst Du jederzeit jemanden ansprechen, der Dir irgendwie sympathisch auffällt. So wie ich es bei Dir getan habe und wie ich es bei vielen hier Anwesenden getan habe. Ich liebe diese direkte Art neue Geschäftspartner zu gewinnen. Aber das muss man mögen, und dafür auch ein bisschen mutig sein. Der Weg, über den nämlich rund 80 Prozent aller Partner zu uns kommen, ist ein anderer, und der ist zudem auch noch viel einfacher. Nämlich, wenn Du Produktnutzern erklärst, wie sie vom Kunden zum Partner werden und dabei nicht nur das Geld für die Produkte refinanzieren, sondern auch, wie sie ein ganzes Stück weit mehr Geld auf diese Weise verdienen können. Und dadurch, dass es ohnehin Kunden von Dir sind, hast Du einen guten Draht zu ihnen, einen guten Zugang. Du weißt ja, viele Wege führen nach Rom. Und so ist das auch bei der Expansion, wenn Du Deine eigene Organisation vergrößern willst. Ob mit einem Direktkontakt, das heißt der Ansprache bei passender Gelegenheit in der Öffentlichkeit, oder bei einem aktuellen Produktnutzer im Vier-Augen-Gespräch, ob über Social Media, oder Businessportale– mache es so, wie Du Dich am wohlsten dabei fühlst. Ansonsten ist es wie bei der Produktpräsentation: Halte Dich an den Leitfaden und mache keine unnötigen Experimente. Erfinde das Rad nicht neu, dann wirst Du schnell die passenden Leute sponsern und zu Dir ins Team holen!", weissagte Lenny seiner Firstline, die er seit heute duzte. Und denke daran, im Network-Marketing geht es nicht darum, alle dafür zu begeistern, was Du anzubieten hast, sondern diejenigen zu finden, die so denken und ähnliche Werte und Ziele verfolgen wie Du. Wir haben hier ein Sortiergeschäft. Wir müssen diejenigen, die nicht zu uns passen, quasi wegsortieren, um die passenden „Perlen" und „Rohdiamanten" zu finden.

Zuhause machte er es sich in seinem Sessel gemütlich. Lisa war seit ein paar Tagen nicht aufgetaucht und hatte sich bei ihm auch nicht gemeldet. Er hatte allerdings auch nichts unternommen, um sie zu erreichen. Wie auch, er hatte ja so sagenhaft viel zu tun und daher kaum Zeit. Tagsüber war er auf der Arbeit, erledigte seinen Job und war wirklich bemüht, dort nicht anzuecken. Dafür war ihm seine Energie einfach zu schade. Er sah seinen Job aktuell ganz pragmatisch an – als sicheres Fundament, als eine praktische Startrampe für den Aufbruch zu neuen Ufern und als seine Absicherung nach hinten. Aber seine Liebe, seine Hingabe, sein Engagement galt seinen Network-Aktivitäten, dass er nun seit ein paar Wochen engagiert betrieb. Und diese Aktivitäten lohnten sich inzwischen auch schon spürbar finanziell. Sogar so sehr, dass sein Ansprechpartner in der Stadtsparkasse ihn schon kontaktiert hatte. Erst war er verwundert zusammengeschreckt, als er die Nummer seiner Bank auf seinem Display erkannte und war nur zögernd mit mulmigem Gefühl rangegangen. Wenn die Bank anrief, dann hatte das meistens nichts Gutes zu bedeuten. Aber diesmal täuschte er sich. Die „schlipstragenden Geld-Haie" hatten eine erfreuliche Veränderung auf seinem Konto bemerkt, die Zuwächse seiner Umsätze und das Pluszeichen vor seinem verfügbaren Betrag, dass das Minus ersetzt hatte. Das Zeichen, welches bisher meistens auf seinen Kontoauszügen stand. „Schön, dass ich Sie persönlich erreiche!", hatte der Berater ins Telefon gesäuselt. „Ich wollte Sie einmal zu einem Gespräch zu uns einladen. So lernen wir uns endlich einmal persönlich kennen, denn ich bin Ihr persönlicher Ansprechpartner und Berater. Und außerdem können wir dann einmal etwas Ihre persönliche Finanzstrategie besprechen. Ich hätte da so einige wertvolle Ideen und Tipps für Sie …!" Oh man, was für eine Schleimerei war das denn? Als er mal Geld und Rat gebraucht hatte, da war niemand für ihn zu sprechen, aber jetzt … Typisch Bank. Was ihn aber am meisten ärgerte, war, dass der Bank-Typ sich als sein Berater ausgab. Wieso eigentlich? Zum einen hatte er sich den ja selber gar nicht ausgesucht. Und zum anderen, was sollte ausgerechnet der ihm für finanzielle Tipps geben? Der würde in 20 Jahren immer noch hinter seinem grauen Schreibtisch hocken, würde keine 5.000 Euro im Monat verdienen und der wollte ihm Finanztipps geben? Das war ja wohl ein schlechter Scherz. Ein Gag der untersten Schublade. Wenn der Witzbold mit 30 finanziell unabhängig wäre, dann könnte er wieder anrufen, denn dann wüsste er auch, wie man wirklich selber Geld macht, aber doch bitte nicht als kleiner Angestellter. Das ist ja so, als wenn ich mit Lego-Bausteinen ein Haus zusammenbaue und hinterher einem erfolgreichen Architekten sage, wie es geht. „Echt vermessen!", regte er sich noch immer auf und seine Gedanken wanderten wieder zu Lisa ...

Ja, er hatte viel um die Ohren, war schwer beschäftigt, aber sie fehlte ihm dennoch. Oder war das der Preis, den er für den Erfolg zahlen musste? Sicher nicht. Sein Invest war Zeit und Arbeit. Im gleichen Augenblick nahm er sich vor, sie anzurufen, wenn sich die erste Chance bieten würde. Wahrscheinlich morgen. Denn heute musste er sich um die Vergrößerung seines Teams kümmern. Das Prinzip, die Vorgehensweise hatte er begriffen. Und auch die Unterlagen dazu hatte er schon mehrfach gelesen, sie vielmehr studiert und die Texte intensiv auswendig gelernt. Aber auch hier galt: Theorie und Praxis sind zwei Paar Schuhe. Also stellte er erst einmal eine Liste mit seinen Kunden zusammen. Von denen markierte er diejenigen, mit denen er gern zusammenarbeiten wollte. Denn auch das war ein großer Vorteil beim Network-Marketing: Er bestimmte, mit wem er kooperieren wollte und mit wem nicht. Keine anstrengenden, lästigen Kollegen, die einem permanent am Stuhl sägten, oder einem den letzten Nerv mit Eifersucht, Neid und Unfähigkeit raubten. Nein, er hatte es in der Hand, sich ein Team voller toller Typen, eine Mannschaft voller verlässlicher Frauen und Männer aufzubauen, die ein gemeinsames Ziel verfolgten.

Natürlich rief er Matty an – sein erstes Ja! Und ein Produktnutzer, der ein treuer, zufriedener Kunde war. „Klar, komm' vorbei. Wir haben uns ja schon länger nicht gesehen!", sagte der erfreut. Und keine 30 Minuten später saßen die beiden zusammen und plauderten wild drauflos. „Übrigens, das Zeug, das ich von Dir habe, das ist wirklich klasse. Kann ich nicht anders sagen. Ich hab' es mal meiner Freundin und meinem Bruder zum Probieren gegeben. Die finden es prima, sind wirklich begeistert!", entgegnete Matty auf die Frage, ob er zufrieden sei.
„Das höre ich gern. Bestens. Die meisten unserer Kunden nutzen die Möglichkeit, die Kosten für Ihr Produkt auf Null zu bringen und darüber hinaus sogar noch ein paar 100 Euro dazuzuverdienen. Wäre das was? Würde Dir und Deinem Konto das gefallen?", neckte er Matty mit einem Augenzwinkern.
Der schob seine Brille die Nase entlang mit dem Zeigefinger nach oben und grinste: „Und ob mir das gefallen würde. Geld verdienen macht mir immer Freude!"
Matty war ganz Ohr und lauschte konzentriert den Ausführungen seines Freundes. „Ach, und Du bist in dem Geschäft aktiv? Jetzt kapier' ich. Hatte mich schon gewundert, weil Du in letzter Zeit doch einen ziemlich coolen, schicken Style trägst. Immer schick in Schale und stets lässig gut drauf. Gefällt mir!", lachte Matty. „Ja, wenn das so ist, wie Du sagst, dann hör' ich mir das am nächsten Wochenende bei Eurer Opportunity-Show mal an!"
„Keine Show. Wir tanzen nicht!", lachte er, „Das wird eine Business-Präsentation. Da kriegst Du genau mit, worum es geht, wie es geht und was für gigantische Chancen Du hast …!"
„Na dann, bin ich mal gespannt, melde mich also gerne an!", bestätigte Matty die ausgesprochene Einladung.

Wenig später, als er in seinem uralten Auto saß, musste er vor sich hin grinsen. Matty, das war echt eine Marke. Er war seine persönliche Nummer 1 – sein erster Produktnutzer und jetzt auch noch sein erster Geschäftspartner. Was wohl aus uns beiden noch alles werden würde, dachte er so bei sich. Matty und ich erobern die Welt – warum nicht? Spaß war mit ihm auf alle Fälle garantiert. Er legte den ersten Gang ein und fuhr los Richtung nächster Tankstelle, denn die Nadel der Tankanzeige zeigte bedrohlich den roten Bereich an. Oh, oh, bloß kein Abenteuer.

Das fehlt noch, dass ich hier ohne ausreichend Sprit liegen bleibe und alle Lacher dieser Welt auf meiner Seite habe, ging es ihm durch den Kopf. Aber er hatte Glück – auf dem letzten Tropfen rollte er an die Zapfsäule und tankte voll.

„Lohnt sich das überhaupt noch? Ein voller Tank für dieses Museumsstück?", witzelte der Tankwart. Ein Vollbartträger mit roten Wangen und einem lustig-freundlichen Lächeln. „Das ist ein Zauberauto. Wenn man es küsst, wird es zum Ferrari!", antwortete er gelassen. Witze über seine Karre war er mittlerweile gewohnt. Das schockte ihn schon lange nicht mehr.

„Ahh ja, gut zu wissen. Aber ob da ein einfacher Kuss reicht, das bezweifel' ich. Wenn das mal nicht ein Knutscher werden muss, dass der Auspuff knattert …!", lachte der Tankwart. Toller Typ, den sollte ich mal ansprechen, schoss es ihm durch den Kopf. Am besten, er sagt ihm, dass er …., nee, stop, doch lieber anders … Also vielleicht fragt er ihn direkt und dann … nein, lieber nicht. Was sollte der denn von ihm denken? Vielleicht noch, dass er ihn anmachen wolle. Das stelle man sich mal vor. Egal, dann eben besser beim nächsten Mal. Für den würde er sich noch einen Spruch überlegen. Auch wenn sein Auto einen Überlebens-Gedenk-Preis bekommen könnte, aber ein paar Mal würde er hier sicherlich noch tanken und dann, jaaa, dann würde er den guten Mann sponsern. Das nahm er sich fest vor – zahlte und ging ohne den Kontakt zu machen zurück zum Auto. Und kaum saß er hinterm Steuer, ärgerte er sich über sich selber. Chance vertan. Zu blöd, nur weil ihm nicht der passende Text einfiel. Gelogen. Das hatte mit dem passenden Text rein gar nichts zu tun. Er hatte einfach nicht den Mumm und hatte sich zugleich den Kopf anderer Leute zerbrochen. Was soll der denken? Ja was wohl? Das war doch völlig Wurst. Was hatte ihn zu interessieren, was der dachte? Er war auf die blödeste Selbstbetrugs-Ausrede reingefallen, die man überhaupt erleben kann. Am liebsten hätte er sich selbst eine Ohrfeige verpasst. Sollte er zurückfahren? Nein, das sah erst recht dämlich aus. Aber beim nächsten Mal, da würde er die Sache klar machen, das versprach er sich selbst!

„Einer ist doch schon mal ein guter Anfang. Wir haben alle mal mit einem ersten Firstliner angefangen. Gut so. Hauptsache anfangen!", sprach Lenny ihm Mut zu.

„Vielleicht schaffst Du es ja, und bekommst noch ein, zwei Interessenten mehr auf unsere nächste Präsentation. Du weißt ja, auf mehreren Beinen steht es sich sicherer als auf einem!", erklärte Lenny ihm.

Die nächsten Tage nutzte er daher intensiv, um noch weitere Kandidaten für das Geschäftsmeeting zu begeistern – aber so sehr er sich auch mühte, außer Matty konnte er niemand weiteres überzeugen. Verdammt, er war unzufrieden. Es konnte doch nicht so schwer sein, Leute zum Geldverdienen zu bewegen. Oder doch? Irgendwie verstand er die Welt nicht mehr. Und was für Absagegründe er zu hören bekam. Unglaublich. „Keine Zeit" – wie bitte konnte man keine Zeit zum Geld verdienen haben. Oder gern gesagt wurde auch: „Das ist nichts für mich!" Das durfte doch nicht wahr sein, denn die wussten doch überhaupt nicht, worum es geht. Aber trotzdem war das nichts für sie? Unfassbar! Das war ja etwa so, als ob er jemandem eine Weltreise schenken würde und derjenige sagt ab mit der Begründung: „Nein danke, aber ich möchte dann doch lieber woanders hin!" Das könnte doch nicht sein. Das gibt's doch nicht. Doch – das gibt es eben doch, wie er leider erfahren musste.

Und Matty? Der war nach der Präsentation bis unter die Haarspitzen motiviert. So sehr, dass er schon wusste, wann er sich sein erstes Penthouse kaufen würde und dazu sah er sich in fünf Jahren auf einer Südsee-Insel sitzen und den ganzen Tag nur noch am Cocktail-Strohhalm saugen. „Fünf Jahre Vollgas, dann bin ich durch mit dem Thema Arbeit!", tönte er. „Und ich weiß auch wie. Schneller, als alle denken. Ich hab' schon eine Idee, wie ich noch sicherer vorankomme …!", kündigte er an.

„Prima, meine Unterstützung hast Du. Dann fang' mal an mit der Arbeit. Nur ein kleiner Tipp: Erfinde das Rad nicht neu, sondern halte Dich an das, was Du hier gelernt und gehört hast!", schwor er seine erste Firstline ein. Denn er wusste, von bloßer Sprücheklopferei war noch niemand finanziell unabhängig und erfolgreich geworden.

„Wollen wir heute zusammen mal Deine Liste durchgehen?", fragte er montags

per WhatsApp bei Matty nach.
Das Feedback lautete: „Liste? Was für eine Liste?"
„Mit Namen von möglichen Interessenten!"
„Habe ich im Kopf. Liste brauche ich nicht!"
„Okay. Dann mach' mal Termine und leg' los. Ich bin gespannt!",whatsappte er.
„Geht los. Ich sag Bescheid …!", kam postwendend von Matty per WhatsApp zurück.

Das 1. Mal die Regeln des Geschäfts spüren

„Wer sich auf andere verlässt, ist oftmals verlassen!" – ein alter Spruch mit dauerhafter Aktualität. Das merkte er jetzt auch. Denn von Matty hatte er schon drei Tage nichts gehört. Seit der letzten WhatsApp-Ankündigung, dass er kräftig durchstarten werde, war Funkstille. Kein Anruf, keine Message, keine WhatsApp. Aber er ließ nicht locker, probierte es immer und immer wieder, und schließlich hatte er Glück. Matty nahm ab. „Wo hast Du gesteckt? Ich habe so versucht Dich zu erreichen!"

„Ich bin busy, war komplett in Action und habe tierisch gearbeitet!", antwortete Matty schon ganz im Stil eines Top-Managers eines DAX-Unternehmens. Einziger Unterschied: Er hatte nur sich selber zu managen und dass es schon dabei zu Komplikationen kam, das verrieten die nächsten Sätze.

„Bisher habe ich unser Produkt wirklich schon vielen Leuten vorgestellt, aber die wollten alle nicht!", berichtete er und an seinem Tonfall war deutlich zu erkennen, dass dieses magere Ergebnis sicher nicht seine Schuld war.

„Wie viele Termine hast Du denn gehabt!", fragte er – fast schon etwas zögerlich.

„Keine Ahnung, drei oder vier. Aber ich habe auch unzähligen Leuten am Telefon davon erzählt, und auch schon kräftig auf Facebook Alarm gemacht – aber bisher waren das lauter Fehlversuche!"

„Oh man, Matty, halt Dich doch an den Leitfaden, so wie ich es Dir gesagt habe und wie es auf der Opportunity-Präsentation geschult wurde. Sonst verramscht Du noch Deine ganzen guten Kontakte …!", gab er zu Bedacht.

„Ach was, Leute kenne ich wie Sand am Meer. Ich weiß schon, wie ich das mache. Wirst sehen – paar Tage noch und ich vermelde Dir den Erfolg des Jahres. Ach, und paar Geschäftsinteressenten für die nächste Präsentation habe ich auch schon!", kündigte Matty an.

„Das ist doch schon mal was. Sehr gut. Gib mir doch bitte mal die Namen durch, dann kann ich die schon anmelden!", antwortete er.

„Kommt. Schicke ich Dir gleich rüber. Der Rest folgt die Tage. Mach's gut ...!", waren die letzten Worte von Matty und damit war er wieder für die nächsten Tage in der Versenkung verschwunden.

Das „Café Freedom" war mittlerweile schon für ihn und Lenny zu einer Art Business-Meetingpoint geworden. Sie hatten ihren Jour fix jeweils Dienstag – nach seinem Feierabend. Die beiden waren in dem Café beinahe schon Inventar und wurden von der stets fröhlich-rundlichen Bedienung hinterm Kuchentresen fast schon wie Kollegen begrüßt. „Hallo, die Herren – Cola light und ein großer Cappuccino, wie immer?", trällerte sie den beiden schon entgegen, wenn sie das Café betraten.

„Heute gibt es noch eine Extra-Portion!", lachte er und sowohl Lenny als auch die Bedienung staunten kurz. „Wer immer so nett ist wie Sie, der muss auch mal belohnt werden!", sagte er und weil der Laden gerade keine weiteren Kunden hatte, machte er etwas, was er zuvor noch nie gemacht hatte: er führte mit der netten Café-Angestellten ein Sponsor-Gespräch, um sie für die nächste Opportunity-Präsentation zu gewinnen. Lenny staunte nicht schlecht. Der hatte sich nämlich schon auf seinen Stammplatz gesetzt, die Cola an den Lippen, als sein Partner lachend zum Tisch kam und einen Zettel mit Namen und ihrer Telefonnummer vor sich herumwedelte.

„Das war schon lange überfällig. Die war immer so nett und daher wollte ich sie schon lange mal gefragt haben. Und heute war es eben soweit!", zwinkerte er Lenny zu.

„Chapeau! Ich wusste ja gar nicht, dass Du so direkt bist, um Dein Team aufzubauen. Ich bin wirklich beeindruckt!", gab er offen zu.

„Na ja, was einmal funktioniert, das funktioniert auch öfter. Für die nächste Veranstaltung habe ich nun schon insgesamt vier Kandidaten. Das ist schon ganz okay!", berichtete er Lenny.

„Und was ist mit Matty?", fragte sein Mentor.

„Viel heiße Luft. Von dem kommen immer großartige Versprechungen, aber unterm Strich bleibt immer nur eine Null übrig. Kaum Termine, keine Kunden, keine Geschäftspartner. Aber ich gebe ihm noch ein bisschen Zeit. Das wird bestimmt. Irgendwann platzt der Knoten. Ich wette, der entwickelt sich und dann knallt es so richtig ...!", sagte er mit Nachdruck.

„Hoffentlich ist da nicht der Wunsch der Vater des Gedankens. Das einzige, was dann knallt, ist die Traumblase, wenn sie zerplatzt ...!", gab Lenny zu bedenken. „Wenn Du meinen Rat hören willst: Klammere Dich nicht zu sehr an einen Partner in Deinem Team, von dem bisher nicht wirklich etwas kam. Das ist oftmals Augenwischerei – für Dich und den anderen. Der jagt vielleicht auch Phantomen hinterher, macht sich selber etwas vor und investiert Zeit, die er woanders eventuell besser nutzen könnte. Und bei Dir ist es auch so: Du planst mit ihm, seinen Umsätzen, seinen Kunden und seinen Partnern, aber übrig bleibt immer nur eine Enttäuschung. Ich führe mal – wenn Du willst – mit Matty ein Gespräch und versuche sein Warum und seine Ziele herauszufinden. Mal sehen, wo er hinwill und was er dafür bereit ist zu tun. Und wenn dann danach wieder nur Ausreden und Worte ohne Taten bei herauskommen, dann wissen wir alle, woran wir sind. Was meinst Du?", bot er ihm helfend an.

„Klasse, das wäre eine gute Aktion. Danke schon mal vorab!", sagte er.

„Da gibt es nichts zu danken. Das ist doch meine Aufgabe, meine Verantwortung und ich kann Dich beruhigen, das kommt auch noch auf Dich zu, wenn Du mehr Partner in Deinem Team hast!", das ist Leadership, prophezeite Lenny.

„Wie viele hast Du eigentlich aktuell dabei?", wollte er wissen.

„Seit dem letzten Mal habe ich schon wieder Zuwachs zu verzeichnen. Zurzeit 94 Firstlines und insgesamt 3067 Partner. Aber das ist noch lange nicht das, wo ich hinwill. Da fehlt noch eine Null hinter der letzten Zahl!", grinste Lenny.

Die nächsten Tage standen bei ihm voll im Zeichen der Planung. Und wenn er da erst einmal dran war, dann tauchte er stets ganz tief ein in die Welt des Erfolges.

Er erwischte sich sogar, wie er während seiner Arbeit auf einem Blatt Papier diverse Strukturbäume aufschrieb. Daneben vermerkte er seine Umsatzerwartungen und sah in seinen Träumen schon sein Konto derart anwachsen, dass es drohte vor lauter Einkommen überzulaufen. In Gedanken hörte er schon wieder diesen aalglatten Bankberater anrufen und wie der versuchte ihm irgendwelche Aktienpakete aufgrund seines neuen Wohlstandes zu verkaufen.

„Bist Du unter die abstrakten Künstler gegangen oder malst Du seit Neuestem Außerirdische mit Spinnenbeinen?", tönte auf einmal eine Stimme hinter ihm. Das war Alex, Kumpel und Kollege aus der Firma. Wie frisch ertappt, knüllte er das Blatt Papier zusammen und stopfte es in seine Hosentasche. „Ach nichts, das war rein gar nichts, hohles Gekritzel ...! Das ...!" Plötzlich stockte er. Seine Gedanken rasten. Warum eigentlich nicht? Was hatte er zu verlieren? Nichts? Klar, nur für ein Unternehmen, das direkt in Konkurrenz zu seinem Arbeitgeber stand, durfte er nicht tätig werden. Logisch, normal! Also warum nicht Alex einweihen und erst als Kunden gewinnen und ihn dann vom Produktnutzer als Geschäftspartner sponsern? Nichts sprach dagegen, rein gar nichts. Im Gegenteil. Alex war ein guter Junge, der bestimmt was schaffen konnte. „Hör mal, machen wir Mittagspause? Ich muss mit Dir reden und Dir was zeigen ...!", hörte er sich sagen. „Bestens, wegen der Mittagspause bin ich hier. Geht also klar. Hört sich ja richtig spannend an ...!", lachte Alex.

Kurze Zeit später erzählte er seinem Kollegen und Freund Alex, was in den letzten Wochen so passiert war. „Na toll, da hättest Du mich aber auch mal eher einweihen und auch schon früher fragen können!", entgegnete Alex – fast schon etwas beleidigt. „Das hört sich doch super an. Kann man das auch über Internet und Social Media machen?", fragte er neugierig. Und das war erst der Anfang seines folgenden Frage-Bombardements. Volltreffer – Alex war dabei, er war jetzt schon Feuer und Flamme. Beide verabredeten, in der Firma aber dennoch erst einmal nichts weiter an Aktivitäten zu unternehmen. Bis zur nächsten Geschäftspräsentation war es noch knapp eine Woche, solange musste sich Alex eh noch gedulden, um loslegen zu können. Aber seine Anmeldung dafür ging schon mal raus zu Lenny.

Der meldete sich prompt nach Feierabend. „Glückwunsch! Ich freu' mich, dass Deine eigene kleine Firma heute wieder gewachsen ist. Du hast verstanden, worum es hier geht! Da bin ich mal auf seine künftige Performance gespannt. Und – ich habe, wie versprochen, mit Matty gesprochen. Der ist wirklich nett. Eine echte Frohnatur. Aber in Sachen Verlässlichkeit habe ich da so meine Zweifel. Ehrlich, der hört sich gerne reden, aber setzt nichts um, was er ankündigt. Der ist so ein bisschen ein Schwätzer, immer gut drauf, aber nicht für Ergebnisse zuständig. Du hast Dich wirklich zu sehr auf ihn und seine Ansagen verlassen. Schau Dir mal Deine Umsätze an. Wenn Du Mattys Planung mal aus Deiner Kalkulation in diesem Monat rausnimmst, dann sieht das bei Dir nicht wirklich gut aus. Mein Vorschlag daher: Lass uns abwarten, was nach meinem Gespräch von Matty kommt – und ob überhaupt was kommt. Aber auf alle Fälle solltest Du selber noch aktiv auf die Suche nach neuen Produktnutzern gehen, damit Du ein bisschen was verdienst. Denn von Deinen bisherigen Partnern kommt noch nicht genügend. Da müssen wir jetzt rangehen und das ändern!", erklärte Lenny und hatte mit jeder Silbe recht.

Er machte sich abends zuhause Gedanken über das Gesagte von Lenny, und befand sich zugleich in einer Art Dilemma. Sollte er jetzt aktiv ins Anbieten der Produkte gehen und entsprechende Termine vereinbaren, um seine Angebote vorzustellen? Er wusste, dass er dabei eine hohe Trefferquote hatte, was ihm zugleich einen guten Umsatz sichern würde. Auf der anderen Seite aber war ihm das gleichsam etwas zu kurz gedacht. Denn das System hatte ja einen ganz anderen Reiz: Es geht beim Network-Marketing im eigentlichen Sinne darum, seine Arbeitskraft in Form von neu gewonnenen Partnern zu multiplizieren und dann ebenso an deren Umsätzen und Erfolg mit beteiligt zu sein. Daraus generiert sich ein residuales Einkommen. Also ein Geldfluss, den man nicht selber mit eigener Arbeit auslöst, sondern der durch die Aktivität der Partner in der eigenen Organisation verursacht wird. Heißt im Klartext: Konzentrierte er sich jetzt auf den eigenen Umsatz, vernachlässigte er den Aufbau seines Teams. Er war hin- und hergerissen. Am Ende traf er zwei Entscheidungen – zwei, die auf die Zukunft ausgerichtet waren. Er entschied sich für die Konzentration auf den Teamaufbau.

Seine Organisation sollte wachsen und das hieß: Sponsern, bis der Arzt kommt! Volle Kraft voraus! Und er wollte sich noch intensiver um die Partner kümmern, die jetzt schon zu seinem Team gehörten. Aber er nahm sich ebenso vor, sich emotional von denjenigen zu trennen – also keine Zeit, Arbeit und Kraft mehr in sie investieren –, die es an Einsatz, Ernsthaftigkeit, an Kunden, Umsatz und Expansionsaktivität fehlen ließen. Das war die erste Entscheidung. Und die zweite: Er wollte Lisa anrufen. Sie fehlte ihm, er vermisste sie und – auch das hatte er sich fest vorgenommen – er wollte und würde sie überzeugen und sie sponsern. Denn gerade sie als BWL-Studentin musste doch begreifen, was sein Network-Engagement für Mega-Chancen besaß ...

Die nächsten Level, die ersten Drop-outs

Mit der Zeit machten sich die veränderten Arbeits- und Lebensumstände auch zunehmend deutlich bei ihm bemerkbar. Sicher, er war als Mensch trotz eines verbesserten Einkommens der gleiche geblieben. Das war ihm auch sehr wichtig. Bodenhaftung! Nichts ist schlimmer, als wenn man wegen ein paar Euro mehr sein eigenes Ich verrät und plötzlich als Mensch ein anderer wird. Aber die individuelle Persönlichkeitsentwicklung machte auch vor ihm nicht halt. Zum Glück. War er früher ein Sparfuchs aus Überzeugung und daher ein lupenreiner Discounter-Einkäufer, gönnte er sich jetzt den Aufschnitt schon mal von der Frischetheke. So, wie er es von seinen Eltern früher gewohnt war. Und auch sein Kleiderschrank bekam auf einmal Zuwachs von Polos, Shirts und Chinos, auf denen jeweils ein Logo prangte, was bekannte Brands markierte. Das war natürlich auch Lisa aufgefallen, als sie sich nach seinem Anruf getroffen hatten. Um es kurz zu sagen: Versöhnung war angesagt und inzwischen wohnte sie schon wieder mehr bei ihm als in ihrer Bude im Studentenwohnheim.

„Sehen wir uns heute abend im ‚Freaky'?", hörte er neben sich plötzlich jemanden fragen, als er mit seiner Freundin beim Einkaufen war. Es war Leon, ein Bekannter aus seiner alten Party-Clique, mit dem man wunderbar abfeiern konnte. Soweit so gut, aber mehr als Abfeiern war mit denen auch nicht drin. Er hatte vor einiger Zeit auch mit Leon und einigen anderen mal ein Kundengespräch geführt, aber keinen von der Gruppe als Nutzer für sich gewinnen können. „Hi Leon, alles gut bei Dir? Heute Abend, das wird wohl leider nichts …!", antwortete er offen und ehrlich.

„Sag' bloß, Du hast schon wieder keine Zeit? Gibt's doch nicht. Dich kennt ja bald keiner mehr in der Szene, wenn Du nur noch auf Businessman machst. Oder sind wir Dir nicht mehr gut genug?", provozierte Leon ihn mit Absicht.

„Quatsch! Was redest Du denn da? Aber mein Job hat Vorrang. Ich muss Prioritäten setzen!", machte er deutlich.

„Oh, der feine Herr muss Prioritäten setzen. Na, dann viel Spaß dabei… War nett mit Dir!", motzte Leon ihn an und drehte sich weg.

Das war nicht das erste Mal, dass ihm in letzter Zeit so etwas mit Leuten aus seinem alten Freundeskreis passiert war. Aber während denen Abhängen in der Eisdiele, abends das Zocken, ein paar Bierchen kippen – und auch ein paar mehr, sowie am Wochenende Party machen, Clubs, Bowling und Fußball wichtig waren, wo sie ihr Geld ließen und ihre Zeit dafür aufbrauchten, kümmerte er sich lieber um seine Zukunft. Schulungen besuchen und seine eigenen Partner, von denen er noch viel zu wenig hatte, ausbilden und fit machen, Termine vereinbaren, und neue motivierte Kolleginnen und Kollegen finden und diese sponsern, um sie für das Business zu begeistern. All das kostete seine Zeit, aber all das machte ihm auch extrem viel Spaß. Überhaupt war er mit seinen Geschäftspartnern super gern zusammen. Man lachte zusammen, freute sich gegenseitig über die jeweiligen Erfolge und lag überhaupt so ziemlich bei den meisten Themen auf einer Welle. Das passte, na klar, immerhin hatte er sich diese Leute ja auch ausgesucht. Die Leute, mit denen er zusammenarbeiten wollte. Auch das war ein himmelweiter Unterschied zu seiner anderen Arbeit. Daher: Man hatte einfach viele gemeinsame Themen, führte angeregte Diskussionen, schmiedete gemeinsame Pläne und Ziele – und zwar zunehmend immer mehr, weil er selber spürte, wie er sich weiterentwickelte und sich dabei von seinem früheren Freundeskreis sukzessive geistig entfernt hatte. Das ist nun mal der Lauf der Dinge, was er auch akzeptierte.

Dennoch tat es ihm manchmal weh, wie die Buddys von früher kritisch auf ihn schauten, oftmals mit dem Finger auf ihn zeigten und einfach nicht wahrhaben wollten, dass er nun andere Interessen hatte und dass sein zweites Standbein sowie seine unternehmerische Vision eine immer wichtigere Rolle in seinem Leben spielten. Es war wohl auch ein Stück weit Neid, der ihm da begegnete. Ein paar Euros in der Tasche mehr, dass hätten sie alle gern gehabt. Aber dafür etwas mehr tun? Nein, das war dann doch nicht ihr Ding. Und genau da unterschied er sich von ihnen. Mehr verdienen, kommt von mehr arbeiten – diese Maxime hatte er begriffen, seine alten Freunde aber eben nicht.

Mittlerweile hatte er zwei weitere Karrierestufen erreicht, hatte sich diese mit eiserner Disziplin, viel Engagement und auch ebenso mit angeeignetem Können erarbeitet – und gleichsam verdient. Sogar sein einstiges Sorgenkind Matty hatte inzwischen die Kurve gekriegt und war zu einer festen, planbaren Größe in seinem Team geworden. Dabei wusste er, dass er diesen Umstand vor allem seinem Mentor Lenny zu verdanken hatte. Denn der hatte mit seinem persönlichen Gespräch und viel Geschick bei der Führungsarbeit geschafft, dass Matty nun den Dreh raushatte. Er plante verlässlich seine Aktivitäten, hielt sein Pensum ein, legte eine berechenbare Kontinuität an den Tag und stieg damit zu einem der besten und wertvollsten Firstliner in seinem Team auf.

Dennoch musste er immer wieder unzählige Rückschläge verkraften. Mal wurden die Umsatzplanungen seines Teams nicht erfüllt, dann schied jemand aus und auch den einen oder anderen Drop-out bei den Produktnutzern musste er hinnehmen. Aber das gehörte zum Job und inzwischen zu seiner Lebenseinstellung: Hinfallen kann jeder mal, aber es ist wichtig danach gleich wieder aufzustehen! Das war der Clou! Alles Dinge und Tugenden, die er seinem alten Freundeskreis aktuell nicht oder nur sehr bedingt zutrauen würde.

Mit seinem Team hingegen ließ es sich wunderbar träumen und mal so richtig visionär fantasieren. Erst gestern beim Meeting hatten sie sich ausgemalt, in was für einer Villa jeder von ihnen einmal leben möchte. Pool, Sauna, kleines Hallenbad,

Tennisplatz hinterm Haus, Garten-Pavillion – das alles waren reine Spinnereien, aber sie hatten ihren Spaß und zugleich die Gewissheit, dass es keine Träume bleiben mussten. Denn wenn jeder sich entsprechend ins Zeug legen würde, war alles möglich und machbar. Mit seinen alten Kumpels hätte er so etwas nie machen können. Die hätten die Augen verdreht und sich verständnislos mit Kopfschütteln wegen seiner Fantastereien von ihm abgewendet.

Aber es war nicht nur, dass er mittlerweile andere Ziele, andere Herausforderungen und andere Vorlieben hatte. Nein, es war auch der übliche „Network-Hustle" – um nicht vom ganz normalen Business-Wahnsinn zu sprechen. Denn wer erfolgreich networkt, der macht es ganz mit Haut und Haaren, der lässt den Virus in sich so richtig raus und sich austoben, oder man lässt es. Sein Mentor Lenny hatte ihm dazu mal einen tollen Spruch genannt: „Ein bisschen zu networken, ist wie ein bisschen heiraten. So etwas gibt es gar nicht. Entweder Du bist verliebt und heiratest aus vollem Herzen, oder Du bist nicht verknallt und trittst nicht vor den Traualtar. Und so ist es auch in unserer tollen Branche: Entweder mittendrin oder gar nicht dabei!"

Stimmte! Da hatte Lenny recht und genau das lebte er. Er lebte diese These selber nach – und anderen vor. Das gehörte für ihn auch zur Geschichte, und zwar zu seiner Geschichte. So verkaufte er sich bei anderen, denn so war er inzwischen. Weil er liebte, was er tat, und weil das auch gut ankam. Der Vollblut-Networker! Er war über die letzten Monate und Wochen zu dem geworden, der er jetzt war: Ein auf den Prozess fokussierter, auf den Erfolg seiner Partner fixierter und mit festen Zielen, Visionen und detaillierten Plänen für seine Zukunft aufgestellter junger Mann. Und wenn er sich erst einmal in Rage geredet hatte, wenn er erst einmal so richtig in Fahrt war, dann erzählte er seine Story so authentisch und mit so einer Leidenschaft, dass sie mit ihm regelrecht durchging. Na klar, ein bisschen Ausschmücken gehört ja dazu. Aufrunden ist erlaubt. Und so konnte es schon mal sein, dass aus 8 Kunden 10 wurden und dass kleine Filetsteaks plötzlich doch mal größere T-Bones wurden, die nicht in München sondern auf Mallorca vertilgt worden waren. Völlig egal, es ging darum, wie inbrünstig er für die Sache brannte, wie er andere mit seinem Enthusiasmus mitriss, wie er sie motivieren und inspirieren konnte und die Flamme der Leidenschaft in ihnen entzündete. Ja, an dem alten Satz von Augustinus war eben mehr als nur ein Funken Wahrheit dran, der da lautet: Du kannst in anderen keine Feuer entzünden, wenn Du selbst nicht brennst!

Früher brauchte es Mut zur Selbständigkeit

Der Gang ins Fitnessstudio war heute ein voller Erfolg. Nicht nur, dass er beim Bankdrücken heute endlich mal die drei Sätze gut weggepumpt hatte, ohne zu wackeln, nein, er hatte so ganz nebenbei auch noch zwei Sportsfreunde für die nächste Geschäftspräsentation gesponsert. Sagenhaft, freute er sich für sich selbst. „Networking – das kannst Du aber auch immer und überall machen!", sagte seine innere Stimme anerkennend. Inzwischen war er wirklich schon zum Vollblut-Networker geworden. Kam es ihm zu Anfang gar nicht in den Sinn, eine sich bietende Gelegenheit für eine Ansprache zu erkennen, geschweige denn zu nutzen, war er jetzt voll dabei. In seinem Kopf ging es immer und überall nur um die eine Frage: Produktnutzer oder Geschäftspartner? Wo er auch war, wo er stand, wartete oder sich aufhielt – er erkannte mittlerweile diejenigen, die er ansprechen, kontaktieren und somit auch sponsern konnte. Und inzwischen hatte er die Einstellung, nein, sogar die feste Überzeugung, dass es jeder sein könnte. Niemand fiel bei ihm durchs Raster. Sicher, Absagen gab es genug. Aber ein Nein war inzwischen für ihn der beste Ansporn für einen neuen Versuch, um das nächste Ja zu ergattern. Kein Wunder also, dass sein Team wuchs und die Umsatzzahlen entsprechend nach oben kletterten.

„Hast Du schon gehört? Menzel, Krawicek und Lottmann sind gekündigt worden!", erzählte ihm Alex tags darauf bei der Mittagspause. Die beiden Kollegen hielten seit der Opportunity-Präsentation, an der Alex begeistert teilgenommen hatte, mittags immer ihre kleine Zweier-Konferenz ab. Das Praktische mit dem Nützlichen verbinden: Mittags-Snack mit Network-Austausch.

„Wieso das denn? Haben die Drei silberne Löffel geklaut?", fragte er erstaunt nach.

„Das nicht, aber sie sind am kürzesten hier. Unserem Laden geht es nicht gut. Weißt Du das nicht? Das kriegst Du in Eurer Abteilung wohl gar nicht so mit, was? Hier wird die Luft langsam dünner. Gabi aus der Buchhaltung, Du weißt schon ...!", zwinkerte Alex.

„Ja, ich weiß, auf die hast Du ein Auge geworfen. Was ist mit der?", lachte er.

„Die hat mir erzählt, dass wohl 10 bis 15 Leute in den nächsten Wochen gehen müssen. Tja, sieht gar nicht mal so gut aus. Wie gut, dass Du mir die Chance bei Dir gegeben hast. So kann ich mir ja wirklich ein gutes, sicheres zweites Standbein aufbauen und kann all dem hier gelassen entgegensehen. Du hattest Recht, als Du sagtest, dass man auf zwei Beinen sicherer steht als auf einem. Wer hätte gedacht, dass der Spruch mal so schnell Wirklichkeit wird?", fragte Alex rhetorisch.

„Siehst Du, hab' ich dir doch nicht zu viel versprochen. Und Gabi, läuft schon was mit ihr?", hakte er nach.

„Noch nicht. Ich will sie am liebsten für uns als Teampartnerin gewinnen. Ich glaube, die hat's drauf. Und dann sehen wir mal ...!", grinste Alex.

„Na, dann mal ran. Den Rest besprechen wir heute abend, okay?"

„Geht klar, ich konzentriere mich voll auf Internet und Social Media. Das ist genau mein Ding. So bekomme ich meine Planung am besten umgesetzt. Du weißt ja, dass ich im Netz zuhause bin!", erklärte Alex und trommelte mit den Fingern auf dem Smartphone-Display.

„Jeder so, wie er kann und mag!", entgegnete er. „Wenn es so gut bei Dir läuft, ist das doch völlig in Ordnung. Wir gehen mal die Zahlen heute abend durch und machen ein bisschen Planung, okay?"

„Passt, bis dann ...!"

Kurz darauf erlebte er live, dass Alex keine Märchen in Bezug auf die Situation seiner Firma, bei der er nun seit seiner Ausbildung angestellt war, erzählte hatte. Marion, eine stille, aber sehr angenehme und stets hilfsbereite Kollegin saß in Tränen aufgelöst an ihrem Schreibtisch. Auch sie hatte es erwischt – Kündigung.

Für eine alleinerziehende Mutter, und genau das war sie, ein echter Schlag, der nicht leicht zu verkraften ist. Bisher hatte er sie nie in den engeren Kreis derer gezogen, die er für eine nebenberufliche Tätigkeit einmal ansprechen wollte, aber warum nicht? Sowohl sie als auch er hatten doch nichts zu verlieren. Und gerade in ihrer akuten Situation war das doch vielleicht sogar für sie die Rettung? Schon fuhren seine Gedanken im Kopf Doppellooping. Denn er merkte, dass er gerade auf dem richtigen Weg war. Seine Chance, die er anderen bot, war doch für alleinerziehende Frauen beinahe die Ideallösung. In ihrem Fall wäre es ja sogar schon unterlassene Hilfeleistung, nicht mit ihr zu reden. Frauen, in dieser Situation, konnten sich die Zeit frei einteilen, waren somit stets für ihr Kind bzw. für ihre Kinder da, darüber hinaus konnten sie ein gutes Einkommen generieren, waren damit nicht mehr auf staatliche Hilfe angewiesen und konnten sich somit endlich frei machen, sich von den gesellschaftlichen Fesseln lösen. „Man, da hätte ich ja auch schon mal früher drauf kommen können!", spornte er sich selbst an und setzte sein charmantestes Lächeln auf, als er zu Marion ging und sie entsprechend ansprach. „Lass uns einfach heute abend mal telefonieren. Ich glaube, ich habe eine gute, nein, eine sehr gute Lösung für Dich. Da wirst Du Deine Tränen schnell vergessen und getrocknet haben – versprochen!", sagte er leise und gab ihr seine Telefonnummer. Einen etwas verdutzten Eindruck machte Marion schon, als sie so dahockte und beinahe etwas ungläubig seine Visitenkarte, auf der nur seine Festnetz- und Handy-Nummer sowie seine E-Mailadresse stand, in den Fingern hielt.

Er konnte sich sein Grinsen nicht verkneifen, als er sein Smartphone weglegte. Gerade hatte er mit Alex telefoniert. Das war schon großartig, wie der das Geschäft über das Internet steuerte – vor allem über Facebook, Instagram & Co. Wenn er in den nächsten zwei Monaten wirklich seine Zahlen, die sie jetzt zusammen besprochen hatten, realisierte, dann sollte ihn das einen großen Schub voran zur nächsten Karrierelevel bringen. Das alles, zusammen mit Matty, der mittlerweile der umsatzstärkste Teampartner war und mit den anderen aus seiner Organisation, stand auf sehr soliden Beinen. Kein Wunder, dass er auch einer der Partner seines Mentors Lenny war, der nicht nur einen überaus positiven Trend zu verzeichnen hatte, sondern er schob sich mit seiner Mannschaft immer näher zu den besten fünf Orgas von Lenny heran.

Eigentlich alles rundum eine erfreuliche Situation. Und dennoch war er nachdenklich. Seine Gedanken kreisten um seine Firma, um seinen aktuellen Arbeitgeber. Er lehnte sich zurück in seinen Sessel, schaute aus dem Fenster und nuckelte gedankenversunken an seinem Kugelschreiber. „Was, wenn es Dich erwischt?", fragte er sich. „Du bist als Ex-Azubi auch noch nicht so lange dabei. Also kann ich wahrscheinlich einer der nächsten sein?", schoss es ihm durch den Kopf. Und dann hörte er im Hinterkopf wieder Alex von heute Mittag sagen, wie gut es doch sei, der er nun die Network-Marketing-Chance hätte und sich so ein zweites Standbein aufbauen könne. Und auf einmal überkam ihn eine herrliche innere Ruhe, eine wunderbare Gelassenheit. „Recht hat er. Und ich bin schon ein ganzes Stück weiter als Alex. Mein zweites Standbein ist zwar noch lange nicht so dick und fest, wie ich es haben möchte, aber ein gesundes Bein ist es dennoch!", überlegte er sich und schon ging sein Gedankenspiel weiter. „Wieso mache ich nicht den ersten Schritt? Wieso sollte ein zweites Standbein nicht mein erstes werden? Es lief doch schon ganz gut. Wie gut würde es erst laufen, wenn er sich zu 100 Prozent auf sein bisheriges nebenberufliches Business konzentrieren würde? Was, wenn aus meinem Nebenjob ein Hauptberuf werden würde? Genügend gute Vorbilder gab es ja in seinem Network-Partnerunternehmen! Ich wäre dann richtig selbstständig. Ein echter Jung-Unternehmer!", überlegte er. Bei dieser Idee musste er lächeln. Seine Gedanken fingen an zu rasen. In seinem Kopf entstanden aufregende Bilder – er im maßgeschneiderten Anzug, schickes Auto, modernes Büro, schicker Style, cooler Look. Warum also noch Sklave im Angestellten-Dasein bleiben? Warum sich sagen lassen, wann man zu arbeiten hat, wann nicht, wann man Urlaub machen darf, wann Pause und wie viel man verdient? Warum nicht lieber selbst- als fremdbestimmt sein? Fragen über Fragen stürzten plötzlich auf ihn ein. „Eines steht fest", sagte er sich, „wer sich heute auf seinen Job als Angestellter und auf seinen Arbeitsvertrag verlässt, der ist zugleich verlassen. Man ist und bleibt dann ewig abhängig von anderen und macht sich dauernd zum Befehlsempfänger!" Ein Spruch, den er irgendwo aufgeschnappt hatte, kam ihm in den Sinn: Früher brauchte es Mut, sich selbstständig zu machen. Heute ist es hingegen mutig, sich auf seinen Job zu verlassen!

Aus all seinen Gedanken und Überlegungen zog er einen entsprechenden Schluss: Expansion! Seine Organisation sollte ab sofort mehr wachsen, schneller wachsen und kräftiger wachsen. Was also gab es zu tun? Ganz einfach: Sponsern, Sponsern, Sponsern hieß die Losung und die Lösung ...

Gerade wollte er sein Vorhaben mit Lenny am Telefon kurz besprechen, als es klingelte. Ein kurzer Blick aufs Display, unglaublich, aber wahr: Lenny rief an!
„Na, das passt ja. Gerade wollte ich Dich anrufen ...!", rief er freudig ins Telefon.
„Da bin ich Dir wohl zuvorgekommen. Und das, mit einer nicht so guten Nachricht!", entgegnete Lenny mit leicht belegter Stimme.
„Was ist denn los? Du klingst ziemlich besorgt!"
„Nicht besorgt, verärgert. Dein Freund Matty, um den wir uns so gekümmert haben, hat mich eben angerufen und mir gesagt, dass er aufhört ...!", zischte Lenny in den Hörer und man hörte ihm mit jeder Silbe an, wie angefressen er war.
„Das gibt's doch nicht. So ein undankbarer Kerl. Und wieso sagt er mir nichts?", stammelte er aufgeregt.
„Pure Feigheit. Er hatte wohl nicht den Mut es Dir zu sagen. Aber was soll's. Reisende soll man nicht aufhalten!", antwortete sein Mentor.
„Verdammt, er war meine stärkste Line. Da bricht ja meine ganze Planung zusammen. Wieso hab' ich das nur noch vorher gemerkt?", fing er an zu grübeln.
„Mach' Dir bloß keine Vorwürfe. Das kannst Du nicht merken. Vor allem, weil die Umsätze ja sogar noch bei Matty stimmten. Insofern planen wir eben neu, denn Planungen kann man ändern. Du kennst doch die alte Networker-Weisheit: Glücklich ist, wer vergisst, dass noch was zu ändern ist. Aber weswegen wolltest Du mich denn anrufen?", hakte Lenny nach.
„Ach, ich hatte mir so meine Gedanken um die Zukunft gemacht. Bei uns in der Firma werden gerade Leute entlassen. Wirtschaftlich geht's dem Laden wohl nicht so gut. Und da habe ich mir gedacht, bevor ich vielleicht einer der nächsten bin, mache ich lieber den ersten Schritt und wechsel' komplett in die Selbstän-

digkeit!", führte er seine Gedanken aus. „Und daher wollte ich vermehrt auf Expansion setzen! Aber da wusste ich noch nicht, dass Matty aufhören will!"
„Ich stehe immer hinter Dir. Das weißt Du!", sprach Lenny ihm Mut zu. „Da kannst Du Dich drauf verlassen. Klarheit und Wahrheit sind immer unsere Leitworte. Und daher sage ich Dir jetzt: Tolle Idee. Du hast das Zeug dazu, die Disziplin, den Willen, die Vision und die nötige Motivation. Wenn du Dich hauptberuflich engagieren willst, dann unterstütze ich Dich so gut ich kann. Dein Plan zu expandieren, ist daher perfekt und kommt genau zum passenden Zeitpunkt. Vergiss Matty. Der ist schon Vergangenheit. Wir blicken immer in die Zukunft und gestalten sie so, wie wir sie brauchen und wollen. Okay?", bekräftigte Lenny sein Vorhaben.
„Also gut, auf geht's. Volle Kraft voraus. Danke für Deinen Support. Dann lass' ich mal das Abenteuer Selbstständigkeit beginnen und mache mich an die Umsetzung, denn auch so ein Schritt will ja gut durchdacht und geplant sein!"

Nur Augenblicke später hatte er sich einen großen Bogen Papier geschnappt, in der Mitte eine Trennlinie gezogen und schrieb sich nun alle Vor- und Nachteile der Selbstständigkeit im Vergleich zum Angestelltendasein auf. Keine halbe Stunde später wurde ihm das Ergebnis immer bewusster und klarer. Ja, er war überrascht von dem eindeutigen Resultat. Denn eine Spalte mit den Vorteilen überragte alle anderen. Es waren die Vorteile der Selbstständigkeit.

Von der Neben- zur Hauptberuflichkeit

Wer nicht wagt, der nicht gewinnt, sagt ein altes Sprichwort. Und wer zu viel wagt, der verliert. Doch wer zu wenig oder gar nichts wagt, der hat vorn vornherein verloren. Heutzutage in Zeiten von Globalisierung und Digitalisierung beinahe logisch. Schon allein deshalb steht im modernen Arbeits- und Wirtschaftsleben eines fest: Risiko ist die neue Sicherheit. Denn nichts ist aktuell so sicher wie der stetige Wandel.

Genau das war der Punkt, warum er mit seinem Vater bei den Diskussionen um Arbeit und Karriere immer in Streit geriet. Früher konnte man beinahe gar nicht anders, als Karriere zu machen, wenn man nur seinen Job jeden Tag ordentlich erledigte. Das bedeutete: Pünktlich erscheinen, züchtig gekleidet sein, Gehirn ausschalten, bloß nicht selbst denken und immer schön brav mitlaufen, indem man genau das tut, was andere von einem verlangen. Und wer bessere Ideen als der direkte Vorgesetzte hatte? Lieber nichts davon sagen oder preisgeben, denn das schürt bloß den Neid und man verbaut sich seinen Weg nach oben. Der beste Weg, die Karriereleiter langsam aber sicher empor zu klettern? Schleimen! Immer schön nicken, es allen recht machen und nur immer brav Ja und Amen sagen – zu allem und jeden! Das war früher die absolute Sicherheit für eine zumindest bescheidene Karriere oder für die nächste Beförderung. Denn alles blieb wie es war und beinahe jeder folgte dem Slogan der allgemeinen geistigen Trägheit: „Das haben wir schon immer so gemacht und deshalb machen wir es auch weiter so!" Eine wirtschaftspolitische fatale Hymne, die vor allem eines zur Folge hat: das Ausbremsen von Dynamik, von Fortschritt und ständiger Verbesserung. Aber auch die Verweigerung der Übernahme von Verantwortung, von konstruktiv kritischem Denken und Handeln sowie von initiativer Leistung – von Eigeninitiative ganz zu schweigen.

Exakt das Gegenteil davon ist Selbstständigkeit, insbesondere Selbstständigkeit in der ebenso faszinierenden wie antreibenden und impulsiven Welt der Network-Marketing-Industrie. Hier sind Engagement, Verantwortungsbewusstsein für das eigene Tun und auch Nicht-Tun unabdingbar. Hier ist Dynamik, Freude am Vorwärtskommen, an der Kreativität, an der Lust am Tun eine Grundvoraussetzung für den anstehenden Erfolg, um zuvor kreierte Visionen in die Realität zu bringen. Und genau daraus ergibt sich ein stetiger Wandel, weil morgen nichts mehr so ist, wie es gestern noch war. Denn dafür sind zu viele aktive Köpfe in dieser Branche permanent bemüht, Tag für Tag die Ergebnisse zu verbessern, Abläufe zu optimieren, Prozesse noch effektiver zu steuern und vor allem, Kunden und Geschäftspartnern noch mehr Gutes, noch mehr Hilfeleistung, noch mehr Unterstützung und noch mehr Service angedeihen zu lassen.

„Genau deswegen geht es bei uns darum, mal über den Tellerrand hinauszuschauen. Unser Motto lautet: Thinking out of the box! Raus aus den Grenzen. Überschreiten Sie die Limits!", forderte er bei seinem kurzen Vortrag vor seinen aktuellen Führungskräften. Ja, es war schon praktisch, dass man jetzt eine zentrale, offizielle Anlaufstelle hatte. Denn sein Mentor Lenny hatte seit geraumer Zeit attraktive Büroräume angemietet. Zu groß war mittlerweile dessen Organisation geworden, als dass man sich ständig in Hotels und Cafés treffen konnte. Und so nutzte auch er mit seiner Mannschaft hin und wieder die Räumlichkeiten.

Denn seit er nun komplett ins Unternehmertum gewechselt war, tickte die Uhr für ihn anders. Absolute Professionalität war gefordert. Eine Lektion, die er in den letzten Wochen hart und mühsam erlernen musste. Neun Wochen war es jetzt her, dass er seine Kündigung eingereicht hatte. Insgeheim hatte er schon drauf gehofft, dass seitens der Personalabteilung ein „Ach, wie schade" oder „Wollen Sie es sich nicht doch noch einmal überlegen" gekommen wäre. Aber nichts da. Er hatte vielmehr das Gefühl, dass er denen einen Gefallen getan hatte. Was soll's? Haken dran, hatte er sich gesagt, hatte sich anschließend auf die Wiese im Stadtpark gestellt, die Hände in die Höhe gestreckt und ganz laut „Selbstständig" und „Freiheit" geschrien. Was für ein sensationelles Gefühl!

Doch schon nur wenige Wochen später wurde ihm bewusst, was Selbstständigkeit wirklich bedeutete. Wie es der Name nämlich sagt: selbst und ständig! Denn als gegen 18 Uhr sein Handy läutete und Lenny ihn fragte, was er heute Produktives an seinem ersten Tag der Selbstständigkeit unternommen hätte, kam er ins Stottern. Ausschlafen, lange frühstücken, im Internet surfen, bisschen Facebook und Instagram machen und dann war der Tag auch fast schon rum. Ja, ein Tag war beinahe vorbei, an dem er noch nichts gemacht hatte, womit er Geld verdienen hätte. „So läuft das nicht. Du musst Dich organisieren. Und zwar selber. Mach' Dir einen Plan, was Du wann zu erledigen hast. Strukturiere Dir Deinen Tag und denke dabei immer an Deine großen Ziele und an Deine Visionen! Verliere die niemals aus den Augen!", mahnte Lenny. Eine Mahnung, die anfangs bei ihm allerdings verpuffte. Stattdessen spielte er lieber Unternehmer, anstatt entsprechend

zu handeln. Ein kurzer Blick ins Internet auf sein Konto verriet ihm, dass das Pluszeichen zwar noch groß genug war, aber sicherlich nicht beruhigend. Dennoch fasste er einen Entschluss: Als Selbstständiger muss ich repräsentieren. Und das mache ich in meiner Branche am besten mit einem Auto, das ein bisschen was hermacht. Schon ging er die Anzeigen auf den diversen Websites für Gebrauchtwagen durch. Ein Neuwagen zu bestellen, das war noch nicht drin, aber einen guten Gebrauchten, dafür hatte er die Anzahlung parat und den Rest würde er in Raten abstottern. Seine Teamkollegen würden Augen machen. Drei Tage klapperte er ein Angebot nach dem nächsten Händler ab, bis seine Wahl schließlich auf einen Dreier aus Bayern fiel. Klar, was sonst? Für diese Marke hatte er eh ein Faible. Liebevoll strich er mit der Hand über den schwarz-glänzenden Lack am Heck, als er den Kaufvertrag unterschrieben und den restlichen lästigen Papierkram am Counter des Händlers erledigt hatte. „Endlich! Geschafft! Mein erster", schoss es ihm vor Glück durch den Kopf.
„Dann wünsche ich allzeit gute Fahrt!", sagte der Händler, schlug die Fahrertür von außen zu und winkte noch, als er mit seinem neuen Gefährt um die Ecke bog. Gleich mal die neue Freisprechanlage ausprobieren. Er tippe Lisas Nummer ein, die sich auch gleich meldete: „Lissy, ich hol' Dich nachher ab, okay? Du wirst staunen ...!", versprach er ihr noch und legte wieder auf. Das Lenkrad fest im Griff streckte er den Rücken durch und fühlte sich wie ein Top-Manager! Unternehmertum ich komme – jetzt konnte es losgehen.

Auch die nächsten Tage und Wochen spielte er „reicher Unternehmer". Zusammen mit Lisa ging er shoppen, gönnte sich teure Marken-Kleidung, er ging fast jeden Tag essen - und besuchte dabei nicht gerade die günstigen Restaurants. Beim Ausgehen stand plötzlich eine ganze Flache Gin parat statt dem einen Glas wie bisher. Siene kreditkarte war also im Dauereinsatz. Doch eines morgens passierte es: Er hielt noch kurz am Geldautomaten, um Bares abzuheben. EC-Karte rein, PIN eingetippt und – schlupp ....! Was bitte war das denn? Er traute seinen Augen nicht. „Ihre Karte wurde einbehalten. Bitte melden Sie sich am Schalter!", stand da in großen, weißen, hell leuchtenden Lettern zu lesen. Wie bitte? Seine Karte wurde eingezogen? Unfassbar und peinlich zugleich. Wie konnte das passieren?

Ganz einfach: Wer nur Geld ausgibt und dabei vergisst, für Nachschub zu sorgen indem er nichts tut, um neues Geld zu verdienen, der ist nicht nur schnell am Limit, der überzieht es dann auch. Und die Folge ist: Die Bank spielt nicht mehr mit. Lenny hatte Recht gehabt. Hätte er doch bloß früher auf ihn gehört und seinen Tag straff organisiert. So mancher Ärger wäre ihm erspart geblieben. Aber die Lektion hatte er gelernt. Eine schallende Ohrfeige, die ihm deutlich gemacht hatte, dass Selbstständigkeit erheblich mehr ist, als nur anzugeben und so zu tun als ob. Na toll, nun hatte er einen schnitten Wagen, aber keinen müden Cent mehr auf dem Konto, um den Tank voll zu machen. Sein Learning war somit klar: Wer Unternehmer sein wollte, der musste vor allem Verantwortung übernehmen und zwar in erster Linie erst einmal für sich. Das bedeutete: aktiv sein, fleißig sein und vor allem produktiv sein.

Genau das tat er ab diesem Zeitpunkt der Schmach: Wurde in der Zeit, als er fest angestellt war, immer pünktlich am 28. eines jeden Monats sein Gehalt überwiesen, musste er sich nun selber darum kümmern, dass täglich Geld verdient wurde. Er organisierte seinen Tag, teilte ihn strikt nach Aufgaben und Aktivitäten ein. Morgens wurden administrative Dinge erledigt, danach ging es weiter mit Terminvereinbarungen, nachmittags persönliche Gespräche mit Partnern aus seiner Organisation oder Schulungen, abends Produktpräsentationen und rund um den Tag bei jeder sich bietenden Gelegenheit: Sponsern, um das Wachstum des eigenen Teams voranzutreiben! Und auch das Einkommen fing wieder an zu fließen. Jetzt war er wirklich angekommen in der Hauptberuflichkeit als Fulltime-Networker. Dabei war er gestolpert, war in so manche Falle getappt und hatte auf manch guten Rat manchmal auch erst zu spät gehört. Aber er hatte aus den Erfahrungen, aus den Niederschlägen gelernt. Und vor allem war er selbstkritisch genug, sich Fehler einzugestehen, wenn er diese gemacht und bemerkt hatte. Von Selbstherrlichkeit keine Spur. Im Gegenteil – gemachte Erfahrungen setzte er in konkretes Handeln um. Nein, er war nicht nur im Unternehmertum angekommen, er war mittendrin in der Persönlichkeitsentwicklung. Eine neue, aufregende Phase seines Lebens hatte begonnen. Und sie sollte noch so manch aufregendes, spannendes und sensationelles Abenteuer für ihn bereithalten.

Duplikation: „heiliger Gral" des Durchstartens

Konzentriere Dich noch mehr aufs Teamwachstum! Die Gewinnung von erfolgreichen Partnern ist das A und O in unserer Branche. Du bist noch zu intensiv im Produktbereich unterwegs. Wachstum gibt es nur durch neue Partner. Wenn Du einen Kunden gewinnst, dann ist der nicht automatisch Partner. Aber umgekehrt schon, also leg' den Hebel in Deinem Kopf um!", sagte eines Tages Lenny zu ihm im Vier-Augen-Gespräch. „Ich finde das zwar toll, wie Du bei Deinen Leuten über das Thema Expansion sprichst und dass Du es immer wieder auf den Plan rufst. Das ist auch gut so. Aber dann musst Du auch vorweggehen, Beispiel sein und selber noch viel mehr Aktivität in diesem Bereich an den Tag legen. Am besten daher immer wieder selber neue Frontlinepartner gewinnen. Das ist es, worum es geht. Mein Mentor hat mir mal einen Satz von dem berühmten amerikanischen Geschäftsmann Robert Kyosaki beigebracht: ‚Die reichsten Menschen der Welt bauen Netzwerke, die anderen lernen wie man Arbeit sucht!' Und das stimmt. Je größer Dein Netzwerk ist, desto größer ist dein Erfolg. Seither achte ich stets darauf, meins jeden Tag zu vergrößern!", ergänze Lenny.
„Ich kann doch nicht von morgens bis abends auf Partnersuche gehen?", entgegnete er.
„Warum nicht? Was spricht dagegen? Aber es nützt nichts, Leute zu überreden. Du weißt doch wie die Regel lautet: Nicht Menschen überzeugen, sondern überzeugte Menschen finden! Das ist ein gewaltiger Unterschied. Denn die einen musst Du zum Ergreifen Ihrer Chance überreden, die anderen suchen diese eine großartige Chance aus eigenem Antrieb. Wir brauchen wohl nicht lange zu diskutieren, wer motivierter zu Werke gehen wird. Aber genau das ist der Clou bei der Sache. Und je mehr Menschen Du am Tag Deine Idee vorstellst. desto schneller, desto öfter und desto mehr wirst Du auch entsprechend Leute finden, die glücklich sein werden, wenn sie diese Gelegenheit angeboten bekommen. Denn Du bist als Chancengeber, als Einkommensoptimierer und Problemlöser unterwegs. Vergiss das nicht!", betonte Lenny mit viel Nachdruck. „Im Network-Marketing ist es nicht das Ziel, mit allen ein Geschäft zu machen, die brauchen, was Du hast, sondern vielmehr die daran glauben, was Du glaubst!", fügte er mit einem ver-

schmitzten Lächeln hinzu.

Zuhause ließ er die Worte noch einmal auf sich wirken. Er sah sich in seiner Kalender-App auf dem Tablet seine Arbeitstage und die entsprechenden Pläne und seine Terminlisten im Detail an. Lenny hatte recht – wieder mal. Fast jeden Abend präsentierte er Produkt und Dienstleistung bei Interessenten. Ja, es machte ihm ja auch Spaß, denn sein Produkt war der absolute Hammer. Er liebte es regelrecht, und deshalb hatte er seine Freude daran mehr und mehr gefunden, es anderen anzubieten. Es war eine wirkliche Hilfe, erleichterte anderen in gewissem Maß das Leben und es war einfach gut, wenn auch andere es haben konnten. Die Feedbacks seiner Produktnutzer – als Mail geschrieben, als Post im Social-Bereich oder auch, was er wörtlich von seinen Kunden zu hören bekam – waren fast immer positiv, begeistert und lobend. Aber er merkte nun, dass er beinahe ein Gefangener seines Produkts geworden war. Und das gleich im doppelten Sinne. Denn es war nicht nur seine Begeisterung dafür, die ihn zum überzeugten, strahlenden Produktverkäufer machte. Oh nein, die Gefahr lag wo ganz anders. Und genau dafür hatte Lenny ihm die Augen geöffnet. Denn seine Kundenaktivitäten, seine Freude am Empfehlen des Produktes sicherten ihm zugleich auch immer ein gewisses Maß an Einnahmen. Das war verdientes Geld durch eigene Aktivitäten. Von den Vorzügen des passiven Einkommens war er damit jedoch noch weit entfernt. Das wiederum war nämlich nur durch die Partner seiner Organisation möglich. Kümmerte er sich also zu sehr um den Verkauf, um die eigene Aktivität im Produktbereich, nutzte er seine knappe Zeit zu sehr für eigene Empfehlungsgespräche, machte er sich gleichsam abhängig von den Einnahmen durch diese Aktivitäten und ihm gelang nicht der Übergang zum Businessbuilding und passivem Einkommen durch Partner. Eine gefährliche Falle, die sich da auftat und auf die Lenny ihn deutlich hingewiesen hatte. Glücklicherweise! Sein Motto war damit eindeutig und genau das schrieb er sich auf sein Visionboard:

VOM PRODUKTVERKÄUFER ZUM DREAMBUILDER

Ob Küche, Bad, Wohnzimmer oder Flur – in jeden Raum hängte er einen Bogen mit diesem Spruch auf. Doch damit nicht genug. Ein Blatt klebte er mit Klebeband draußen an seine Wohnungstür, damit er immer gleich beim Nachhausekommen an sein schlechtes Gewissen appellierte, falls er heute noch nicht genug für die Partnergewinnung getan haben sollte. Den letzten Bogen nahm er mit runter ins Auto und hängte ihn ans Armaturenbrett, genau vor die Gangschaltung. So hatte er seinen Auftrag jederzeit vor Augen – auch beim Autofahren. Und er wusste spätestens beim Aussteigen, woran er zu denken hatte: Die eigene Arbeitskraft durch Duplikation zu vervielfältigen und die Orga zum Wachsen zu bringen.

Zu guter Letzt fotografierte er mit seinem Smartphone das Blatt mit dem Slogan und speicherte das Foto als Bildschirmschoner auf seinem Display ab. Zufrieden hielt er sein Handy in der Hand, blickte erst auf den Bildschirm, dann auf das Papier an der Flurwand: „Mehr geht nicht. Auf geht's – Action!", lachte er und ballte zur Verstärkung seiner eigenen Worte seine rechte Faust. „Ab heute hau ich eine Delle ins Universum und mache für andere Träume wahr!", schwor er sich.

Und tatsächlich – vom Tag seiner Aktion an verfolgte ihn sein Dreambuiling-Appell auf Schritt und Tritt. Das Resultat: Er steigerte seine Sponsor-Rate um mehr als 50 Prozent. Keine Gelegenheit ließ er mehr aus. Und wenn sich grad mal keine bot, dann schuf er sich eine. Expansion war ab sofort sein Leitmotiv. Er telefonierte, dass seine Flatrate regelrecht abgenutzt wurde, dazu ließ er sich Empfehlungen geben und chattete im Internet. Kaum jemanden, den er nicht kontaktierte, anschrieb, als Interessent einlud. Er informierte sein ganzes persönliches Umfeld, all diejenigen, die er bisher noch nicht angesprochen hatte. Und bei genauerem Durchforsten seiner Namensliste, seines Handys und seines Social-Media-Freunde waren das doch immer noch so einige. Teamvergrößerung – dieses Schlagwort hatte sich richtig in seinen Kopf gebrannt. Und auch draußen ließ er sich keine Chance entgehen, um Kontakte zu knüpfen. Wo er stand, ging oder saß – er sprach Menschen an, kontaktierte sie, mal lustig, mal flappsig, mal charmant, mal ernst, mal ganz business-like, mal ganz salopp. Erst gestern, als er mit Lisa im Supermarkt an der Kasse stand, hatte er wieder eine sich bietende Gelegenheit genutzt – und Lisa hatte leicht lächelnd die Augen verdreht, weil sie wusste, was er vorhatte. Bei der Frau vor ihm funktionierte die EC-Karte nicht und sie musste auf eine Kreditkarte ausweichen. Das war auf alle Fälle seine Chance. Kaum hatte sie ihre Sachen eingepackt, ging er zu ihr und sprach sie an: „Entschuldigung, ich habe das eben mitbekommen. Passiert Ihnen das öfter? Ist ja nicht schlimm, aber ich glaube, ich hätte da eine tolle Idee für Sie, damit Ihre EC-Karte immer funktioniert. Hier, rufen Sie mich doch nachher einmal an …!", lachte er und gab ihr seine Visitenkarte. Und tatsächlich, keine zwei Stunden später bimmelte sein Smartphone. Keine Frage, Thessa – so hieß die Supermarkt-Frau – war über die sich bietende Chance hocherfreut und war damit für die nächste Geschäftspräsentation als Gast notiert.

Und auch der junge, smarte Bankangestellte, den er heute mittag in der Drogerie Windeln einkaufen sah, hatte er sofort kontaktiert. „Glückwunsch, zum Nachwuchs. Teuer ist es aber dennoch, oder?", hatte er ihn angesprochen und schon waren sie im Gespräch. Nur wenig später hatte er die Telefonnummer und nachmittags rief er ihn an, um ihn für ein Gespräch einzuladen. Und so ging es jeden Tag. Kurzum: Es lief. Die „Expansion" war in vollem Gange. Seine Organisation und seine Partner taten es ihm nach und folgten ihm in den Aktivitäten. Sie alle waren komplett auf Wachstumskurs getrimmt und gepolt.

Er setzte dabei Akzente, wie es echte Leader eben tun, um zu inspirieren. „Herzlich willkommen im Meeting! Sorry, ich hab' noch nasse Haare. Komme gerade aus der Sauna. Da habe ich noch jemanden für uns gewonnen. Statt Handtuch hatte ich meine Visitenkarten dabei und habe so lange einen Aufguss nach dem nächsten gemacht, bis er sich meinen Vortrag angehört hat, den ich genau vor der Saunatür gehalten habe. Expansion bei 90 Grad – klappt wunderbar. Ich habe ihm gleich gesagt, dass er bei uns noch mehr ins schwitzen gerät …!" lachte er „Und danach war ich so motiviert, dass ich sogar auf der Toilette jemanden auf unser sensationelles Geschäft angesprochen habe. Der war ziemlich überrascht, als ich mich am Waschbecken neben ihn stellte und ihm sagte, dass ich gern mit ihm einmal sprechen möchte, weil ich ein ebenso sauberes Geschäft kenne, das ich ihm einmal vorstellen will.

Klar hatte er spätestens jetzt die Lacher in der Runde auf seiner Seite. Aber, und das war der entscheidende Kasus Knacktus, sie wussten genau, dass er keine Märchen erzählte, er war kein Blender, sondern hatte genau das gemacht. Die Aktion „Let's do it" war angelaufen und er rannte vorweg und handelte nach dem Motto: „Folge Deiner Bestimmung!"

Mit dieser Einzigartigkeit, mit diesem ungehemmten Engagement spornte er seine Crew an, ihm nachzueifern und ebenso die passenden Partner zu finden. Kein Wunder, dass sein zuerst kleines Team in relativ kurzer Zeit zunehmend größer und größer wurde. Das Motto „Teamvergrößerung" fruchtete und hatte sich in den Köpfen seines Teams festgesetzt. Entscheidend aber war, dass er es als Vorbild vormachte. „Vom Produktverkäufer zum Dreambuilder" – diesen Slogan hatte er sich selber verpasst und seither war er dabei, ihn jeden Tag konsequent umzusetzen und zu erfüllen…

Eines Tages kamen ein fünf Polizisten in Lennys gemietete Büroräume – Cops in voller Uniform, komplett mit Pistole im Halfter und Handschellen ausgestattet. Was war denn hier plötzlich los? „Wo ist …!", fragte der Beamte, der vornewegschritt. Weiter kam er nicht, denn da wurde ihm schon mit einem Begrüßungsruf das Wort extrem charmant abgeschnitten.
„Herzlich willkommen, meine Damen und Herren. Schön, dass Sie es alle einrichten konnten. Jetzt zeigen wir Ihnen mal, wie wir Sie als Polizisten wertschätzen. Ich lade Sie ein in die Wunderwelt meines Unternehmens …!", begrüßte er die uniformierte Einheit. Wie sich kurz darauf herausstellte, hatte er mal kurzerhand beim Einparken absichtlich etwas kräftiger beim Vor- und Rückwärtsfahren Gas geben und beiden Wagen vor und hinter ihm einen Bumms nebst Beulen verpasst. Anschließend war er seelenruhig auf Polizeirevier gegangen, um den Vorfall mittels Selbstanzeige zu melden. Zweck der Übung: Die anwesenden Polizisten wusste er sofort für eine nebenberufliche Tätigkeit zu begeistern. Soviel unterbezahlte gute Leute auf einen Haufen findet man sonst kaum. Statt mies bezahlten Schichtdienst lockte er sie mit Freiheit, Einkommen in selbstbestimmter Höhe und all dem, was Network-Marketing so reizvoll macht – auch für Beamte in Uni-

form! Immerhin, nach dem Gespräch war er sein Team doch tatsächlich um einen Partner und eine Partnerin reicher.

„So geht Teamaufbau, wenn man es wirklich will!", rief er seinen Leuten entgegen, nachdem die Beamten wieder abgerückt waren. „So etwas ist nur in unserer genialen Branche möglich. Genau darum liebe ich das, was ich hier tue und darum bin ich so hyper-motiviert, weil wir alle zusammen andere wirklich glücklich machen können. Es geht doch darum Menschen zu helfen, Menschen eine Chance zu geben, Menschen eine Perspektive und auch eine Alternativen zu bieten – mit einem Angebot, das überzeugt. ", rief er seinen Partnern zu.

Die permanent steigende Anzahl an Team-Membern machte es deutlich: Er hatte einen echten Boom in seiner Organisation ausgelöst und war auf dem Weg nach oben.

Erste Convention - das Network-Leben beginnt

„Du weißt ja, wer viel kann, muss viel tun!", lachte Lenny und knuffte ihn in die Rippen. „Herzlichen Glückwunsch, diesmal bist Du dabei. Die große Bühne gehört Dir diesmal!", fügte er leise sprechend hinzu.

„Wärest Du vielleicht so nett und klärst mich bitte mal auf? Was meinst Du? Wovon redest Du denn überhaupt?", fragte er eher verwirrt als beglückt. Er stand nach einem kurzen Meeting zusammen mit seinem Mentor im Flur von dessen Büros. Unaufhörlich gingen Menschen hinter und zwischen ihnen hin und her. Regsamer Betrieb wie auf einem Ameisenhaufen. Emsiges Treiben herrschte. Es wurde viel telefoniert, miteinander kommuniziert, Leute riefen sich Termine zu, es wurde gelacht und auch mal hin und wieder geflucht. Action, Arbeit, Strebsamkeit und Lust auf Erfolg – das alles und noch viel mehr lag in der Luft. Eine echte Start-up-Atmosphäre herrschte in den diversen Räumlichkeiten, die sich auch auf die Flure ausbreitete.

„Wovon ich rede? Na, von Deiner ersten Convention natürlich, das ist unser halbjährliches Treffen der Company. Und Du bist dieses Mal einer der TopSpeaker auf der Bühne. Ich habe es eben gerade vom Management erfahren. Diese Ehre hast Du Dir redlich verdient!", strahlte Lenny ihn an.

„Du machst Witze, oder? Ich? Mich haben die ausgewählt? Wieso das denn?", stotterte er völlig überwältigt.

„Ganz einfach – weil Du eine sensationelle Performance mit Deinem Team hingelegt hast. Deine Umsätze sind hervorragend. Deine Sponserwerte gehen durch die Decke und auch in Deinem Team läuft es klasse. Du weißt, die Zahlen lügen nicht! Allein Deine Firstline mit Alex an der Spitze hat richtig Power. Das ist bemerkenswert, wie er über Social Media sein Geschäft aufbaut und steuert. Das haben auch die Top-Führungskräfte im Unternehmen bemerkt und darum sollst Du die Ehre bekommen, dieses Mal auf der Convention als Speaker zu stehen. Und Du kannst Dir sicherlich vorstellen, über welches Thema Du sprechen sollst, oder?", fragte Lenny schelmisch.

„Nein, verrat es mir. Im Moment bin ich einfach nur ... platt!", gab er offenherzig zu.

„Natürlich über die Bedeutung der Gewinnung neuer Partner in unserem Network-Business. Ist doch wohl logisch. Wenn nicht Du, wer sollte dann darüber sprechen. So, wie Dein Laden aktuell brummt und mit all der Qualität und den Werten, mit der ihr als Team Eure Vision vorantreibt, ist das doch beinahe selbstredend. Ihr seid ja ein richtiges Movement!"

„Ich weiß nicht, ob ich dafür der Richtige bin. Man, vor über 1.000 Leuten auf der Bühne stehen. Da wird mir jetzt schon schwindelig und ich kriege ganz weiche Knie!", entgegnete er beinahe kleinlaut. „Das muss ich erst einmal sacken lassen und verkraften!"

„Kein Problem. Aber freu Dich darüber, statt nervös zu sein. Das ist wirklich eine großartige Sache und – Du hast es Dir wirklich verdient, mein Lieber. Das schaffst Du schon. Wenn Du willst, können wir Deine Rede gern zusammen vorbereiten, oder wir sprechen mit Franz, unserer Platin-Line, der an der Spitze unserer Orga steht. Ich wette, der hat Dich bestimmt auch vorgeschlagen, als die Convention organisiert wurde. Denn dann tagen doch eh alle absoluten Top-Spitzenleader zusammen!", schlug Lenny vor.

„Das werden wir dann noch sehen. Ich muss diese große Ehre jetzt erst einmal verdauen und das alles realisieren, dass ausgerechnet ich demnächst so einen Auftritt hinlegen soll!", antwortete er.

Aber kaum saß er in seinem Auto spürte er, wie der erste Schock langsam aus den Gliedern wich und zunehmend Freude und Stolz sich in ihm rührten. Wow, was für ein Spektakel. Er war auserkoren worden, als Speaker aufzutreten. Ausgerechnet er auf der Convention. Was für ein Auftritt! Was für eine Show! Und über 1.000 Leute blickten nur auf ihn, lauschten seinen Worten ... Das Lenkrad fest im Griff lachte er laut vor sich hin und fing an zu jubeln. „Yeahhh, Du bist auf dem richtigen Weg!", rief er. Wenn ihn jetzt jemand gesehen hätte, wie er allein im Auto saß, vor sich hinlachte und allein jubelte, der hätte sich über seinen Geisteszustand ernsthaft Sorgen machen können. Kaum hatte er vor der Haustür einen Parkplatz gefunden, rannte er auch schon die Treppen zu seiner Wohnung hinauf. Dabei nahm er gleich zwei, drei Stufen auf einmal, schloss die Tür auf, stürmte in die Wohnung und fiel Lisa um den Hals, die gerade lernend tief in ihre BWL-Bücher versunken war und Statistik für die nächste Klausur paukte. „Ich hab es geschafft. Hammer! Ich soll Speaker auf der Convention sein. Ich, vor 1.000 Leuten. Ist das nicht der Wahnsinn?", jubelte er. Lisa legte ihre Arme um seinen Hals und küsste ihn innig.

„Ich bin so stolz auf Dich!", hauchte sie ihm ins Ohr. „Das ist großartig! Und – jetzt schäme ich mich direkt, wenn ich bedenke, wie ich anfangs dagegen war, dass Du diesen Job machst. Aber das ist toll, was Du da bisher erreicht hast. Wirklich sensationell!"

„Du musst dabei sein, wenn ich meinen Auftritt habe, bitte. Ich brauche Dich dabei, denn wenn ich daran denke, dass ich vor so vielen Leuten sprechen soll, dann rutscht mir jetzt schon das Herz in die Hose!" Plötzlich wich die Freude wieder der Unsicherheit.

„Mach' Dich nicht verrückt. Da kann doch gar nichts passieren. Da sitzen lauter Menschen vor Dir, die stolz auf Dich sind, die Deine tolle Leistung und die von Deinem Team wirklich zu schätzen wissen. Neid ist doch in Eurem Geschäft ein Fremdwort. Du selber hast mir doch immer gesagt, dass die Freiheit das größte und beste Geschenk in Deinem Business ist. Also, dann genieße diese Freiheit, nämlich niemandem etwas beweisen zu müssen und andere Menschen mit Deiner tollen Erfolgsstory inspirieren zu dürfen!", beruhigte sie ihn.

In den kommenden Wochen nutzte er jede freie Minute, um seine Rede, die exakt 10 Minuten dauern sollte, vorzubereiten. Den Anfang zu finden, das war die größte Hürde. Aber sowohl Lisa als auch Lenny, seine beiden „Top-L's", waren eine wertvolle Hilfe. Lenny landete dann noch den größten Coup und verschaffte ihm bei seiner Platin-Upline einen Termin, als dieser seinen Besuch in Lennys Büro ankündigte. „Platin-Franz", wie er respektvoll und ehrwürdig in aller Munde genannt wurde, seines Zeichens einer der erfolgreichsten Networker Europas und ein Million-Dollar-Earner, war ein Mann mit Aura, mit einzigartiger Ausstrahlung. Es gibt immer Menschen, die können einen Saal betreten, und niemand merkt es. Und dann gibt es Menschen, die kommen nicht herein, sondern die erscheinen – denn sie werden von einer Aura, einem einzigartigen Glanz umhüllt, der sie regelrecht erleuchten lässt. Genauso einer war „Platin-Franz". Wo er auftrat, selbst in aller Bescheidenheit, scharten sich die Menschen um ihn. Wenn er sprach, konnte man eine Stecknadel fallen hören. Und so feilte er mit solch einer Network-Ikone zusammen an seiner Rede, ein Erlebnis, das er niemals vergessen würde.

Dann endlich war er da, der Tag der Wahrheit, der Tag seiner Rede – der Convention-Day! In Frankfurt. Dazu in einer beeindruckenden Location. Er saß im Hotel gegenüber auf der Bettkante in seinem Zimmer. Zusammen mit seiner Lisa. Neuer Anzug, diesmal der erste maßgeschneiderte, und der saß wie angegossen. Das frisch gestärkte, schneeweiße Hemd, die schimmernde Seiden-Krawatte exakt gebunden und die Schuhe auf Hochglanz geputzt. Er sah aus wie aus dem Ei gepellt. Klar, das Outfit hatte er sich auch wirklich etwas kosten lassen. Aber sein Konto gab das ja inzwischen her. „Du siehst klasse aus!", sagte Lisa voller Anerkennung. „Wie ein echter Top-Manager!", lachte sie.
„Ja, ein Manager, der sich gleich vor Nervosität ins Hemd macht! Oh man, mir ist ganz flau im Magen. Ich glaub', ich pack' das nicht ...!"
„Natürlich schaffst Du das. Du hast es doch allen schon bewiesen. Auch mir! Denk einfach daran, wie gut Du bist ...!", hauchte sie ihm zu und küsste ihn

zärtlich. „Und jetzt los, rauf auf die Bühne mit Dir!" Und als Unterstützung ihrer eigenen Worte verpasste sie ihm einen kräftigen Klaps.

Schon auf dem Weg zur Convention hatte er das Gefühl aus dem Händeschütteln gar nicht mehr rauszukommen. Wo er auch ging, reckten und streckten sich ihm Hände entgegen, die ihn zu seiner geschäftlichen Performance beglückwünschten oder die ihm für die gleich folgende Rede alles Gute wünschten. Wie in Trance kam er hinter der Bühne an. „Mensch, da bist Du ja endlich!", freute sich Lenny ihn zu sehen. „Du bist gleich dran nach der Eröffnung. Alles gut?", fragte sein Mentor noch scherzhaft.

„Wir werden es gleich erleben. Im Moment bin ich so aufgeregt, dass ich fast vergessen habe, wie ich heiße. Frag' mich lieber hinterher nochmal!"

„Ach was, bleib cool und geh' da jetzt raus und rock die Bühne. Du machst das schon. Deine Rede ist perfekt, mit Franz ist alles abgestimmt und Du bist sowieso in Form. Also, Dein Auftritt – genieß es!", rief Lenny noch und schob ihn dabei schon sanft Richtung Bühne.

Wie Recht alle hatten. Er legte wirklich einen beeindruckenden, souveränen Auftritt hin. Mit seinen Worten fesselte er sein Publikum, brachte es mal zum Lachen, dann wieder zum Staunen, einige wurden ganz nachdenklich und andere rührte er zu Tränen, als sie seine Story hörten – auf alle Fälle waren die Zuhörer fest von ihm in den Bann gezogen. Sie folgten ihm, lauschten gespannt seinen Ausführungen und immer wieder sah er das Nicken der Köpfe, was ihre Zustimmung bedeutete. Ganz wichtig. Das Top-Management in den vorderen Reihen, die Leader, sie alle waren ganz Ohr. Und sie waren es auch, die sich am Ende seiner Rede als erstes erhoben und ihm Standing Ovation spendeten. Doch am lautesten klatschen natürlich die Mitglieder seines Teams, die hier zahlreich vertreten waren. Sie gaben den Klatsch-Rhythmus an, riefen in Sprechchören laut seinen Namen. Immer und immer wieder. Was für ein Gefühl, als er den tosenden Applaus hörte. Er war wie im Rausch. Am liebsten wäre er jetzt noch stundenlang auf der Bühne geblieben, hätte sich im Beifall hingegeben. Diesen Tag, den würde er niemals vergessen. Der war einzigartig und war nicht zu überbieten. Doch plötzlich, mitten in den Jubelrufen, ergriff der Moderator der Convention, das Wort, rief seinen Namen und kündigte eine weitere Überraschung an.

Und plötzlich ist er da: der Erfolg

Wie vom Donner gerührt stand er auf der Bühne. Plötzlich war er regelrecht erstarrt. Seine Blicke schwirrten umher. Was war hier los? Was für eine Überraschung sollte jetzt folgen? Er wusste von nichts. Sollte er von der Bühne abtreten? Platz für jemand anderes machen? Oder galt die Überraschung sogar ihm? Bevor seine Gedanken sich weiter überschlugen, sah er plötzlich Lenny und die ehrwürdige Platin-Line die Bühne entern und auf ihn zukommen. Eine Hymne erschallte. Tina Turner's „You're simply the best" donnerte durch die festlich geschmückte Location. Laserstrahlen schossen durch die Lüfte. An der riesigen LED-Leuchtwand im Rückraum erstrahlte auf einmal sein Name mit einem Bild von ihm und die Stimme des Moderators verkündete neben seinem Vor- und Nachnamen laut: „ ... hat das vierte Karrierelevel mit einem der besten Gesamtumsatzvolumen, das jemals erreicht wurde, gemeistert und ist seit heute somit Vierer-Brillant-Träger. Als Insigne des Erfolges und als Ehrenauszeichnung überreicht Platin-Liner Franz Schinke zusammen mit Upline Lenny Meier unserem heutigen Speaker unsere ‚Watch of Honor'. Wir gratulieren!" Und mit einem großen Knall rieselte in diesem Moment Glitter-Konfetti vom Himmel. Der frenetische Applaus war ihm in diesem Moment mehr als gewiss, denn der Saal fing an zu toben vor Begeisterung.

In seinen Ohren dröhnte es, ihm wurde schwindelig. Er wusste nicht mehr ein noch aus. Die ganze Welt schien sich um ihn zu drehen. Was war hier los? War im Himmel Jahrmarkt? Oder war er gerade mitten im Paradies? Damit hatte er absolut rein gar nicht gerechnet. Ein Traum wurde wahr. Jetzt war er angekommen, mitten im Erfolg, mitten im echten Unternehmer-Leben, im Zentrum des Network-Business und dabei war er noch nicht einmal an der Spitze. Fast automatisch riss er beide Arme hoch, ballte die Fäuste, sprang mehrfach empor und strahlte glücklich über das ganze Gesicht. Gerade war er wieder auf beiden Füßen gelandet, als Franz Schinke ihn erreichte und ihm gratulierend die Hand entgegenstreckte, die er genauso heftig schüttelte wie die folgende von Lenny. Sein Mentor umarmte ihn. „Das hast Du großartig gemacht. Du bist ein echter Fulfiller und Macher. Bleib Dir treu und es wird weiter aufwärts gehen. Ich stehe immer zu Dir und hinter Dir!", rief er ihm zu und drückte ihn noch einmal fest an sich.

Das Publikum jubelte und spendete tosenden Applaus. Zusammen mit dem Geehrten gingen Lenny Meier und Franz Schinke zum Mikrofon. Der Platin-Liner ergriff das Wort: „Meinen allerherzlichsten Glückwunsch. Sie sind ein leuchtendes Beispiel, was in unserem Unternehmen und was in unserer fabelhaften Branche möglich ist. Wir gestalten nicht nur die Zukunft, wir sind die Zukunft. Denn wir werden gebraucht – immer und überall. Bei uns geht es einzig und allein um jeden einzelnen von Ihnen. Um Sie, um Sie und um Sie …!", rief er ins Publikum und zeigte mit dem Zeigefinger in verschiedene Richtungen. „Um Sie und um Ihre Visionen, Menschen zu einem in jeder Hinsicht besseren Leben zu verhelfen. Menschen einen besseren Weg und unternehmerische Alternativen aufzuzeigen. Sowohl finanziell, beruflich, menschlich und ganzheitlich. Wo wollen Sie hin? Wo wollen Sie morgen sein? Das Ziel und den Weg bestimmen Sie allein, niemand anderes. Denn echte Networker lieben diese Freiheit und brauchen Sie wie die Luft zum Atmen. Wer sich für unsere Branche entscheidet, der sagt Ja zu sich selbst, zu freiem Denken, zu eigener Performance, zu ungewöhnlichen Möglichkeiten und einzigartigen Chancen. Unser neuer Rolex-Träger hier an meiner Seite ist das beste Beispiel dafür!", und Schinkes Hand ergriff in diesem Augenblick sein linkes Handgelenk und wie ein Sieger im Boxkampf riss er seine Hand hoch, an der die goldene Rolex im Rampenlicht funkelte.

„Nur in unserem Business haben Sie diese einzigartige Chance. Arbeiten Sie wie verrückt. Geben Sie alles und noch viel mehr. Wenn Sie fünf Jahre lang so hart arbeiten, wie kein anderer arbeiten will, dann werden Sie den Rest Ihres Lebens dafür so leben, wie jeder am liebsten leben möchte. Sind Sie dabei?", rief er voller Enthusiasmus ins Mikro. Und der gesamte Saal schmetterte gellend ein lautes „Jaaaa!" zurück, das die Bühne beinahe zum Einstürzen brachte.

Wenig später saß er in einem Nebenraum Backstage allein für sich, ein Glas Wasser in der Hand. Er war wie berauscht. Konnte einfach keinen klaren Gedanken fassen. Immer und immer wieder liefen die Bilder von vorhin wie ein Film vor seinen Augen ab. Verträumt biss er sich auf der Unterlippe. War das gerade echt oder ein Traum? Er sah auf sein linkes Handgelenk. Sie war da, die Uhr, die er so begehrt, nach der er sich so gesehnt hatte. Sie hing tatsächlich an seinem Arm, die „Watch of Honor", wie sie in seiner Company hieß. Sonderanfertigung, Schweizer Uhrwerk, blaue Lünette, blaues Zifferblatt, das Armband ein Mix aus Edelstahl und Gelbgold – eine Ikone unter den Uhren, ein echtes Wertzeichen. Und er besaß sie nun. Unfassbar! Zugleich dachte er an seine Anfänge, wie seine Laufbahn hier im Network-Business begann. Was hatten sie ihn alle ausgelacht, ihn angefeindet und sich über ihn lächerlich gemacht. Was für Horrormärchen hatten sie ihm erzählt und wie düster hatten sie ihm die Zukunft gemalt – seine Freunde, seine Bekannten, seine Eltern, seine Freundin. Und nun? Alles war anders gekommen! Was für ein Glück, dass er nicht auf sie sondern auf sich gehört hatte. Seine eigenen Erfahrungen waren wertvoll, anstatt auf das inhaltslose Gerede anderer zu hören. Ja, der Weg bis dahin, wo er jetzt stand, war steinig, war nicht einfach. Er hatte herbe Niederlagen, heftige Schlappen einstecken müssen. Wenn er nur daran dachte, wie mager seine ersten Einkünfte waren, oder als seine Geld-Karte vom Automaten geschluckt worden war. Wie oft hatte er zu Beginn noch darüber nachgedacht, doch lieber wieder auszusteigen, und dennoch war er auf Kurs geblieben, war am Ball geblieben und hatte sich durchgebissen. Und dabei war er noch lange nicht am Ziel, sondern er hatte noch einige Etappen, einige Karrierestufen bis nach oben vor sich. Das war bisher alles nur der Anfang. Und genau die wollte er auch noch bewältigen. Das heutige Erlebnis, war mehr als Grund genug dafür. Er musste lächeln, als er an seine alte Arbeitsstelle dachte. Seinen spießigen Abteilungsleiter und seine ganze ehemalige Kollegenschar – was sie jetzt wohl alle sagen würden, wenn sie ihn hier sehen könnten. Freiheit, Selbstbestimmung, die eigene Entscheidung, wann und wo und vor allem mit wem man arbeiten und was man verdienen will– all das werdet ihr nie erleben, schoss es ihm durch den Kopf. Zeitlich, finanziell und geographisch frei zu sein, das ist es doch, was einen antreibt. Genau das ist mit Network-Marketing möglich und machbar, dachte er sich und ich bin selbst der lebende Beweis dafür.

Im gleichen Moment flog die Tür auf und ein großer Teil seines Teams kam jubelnd und schreiend hereingestürmt. Ganz vorneweg Alex, Gaby und Marion, die alleinerziehende Mutter – alle drei aus seiner alten Firma und alle auf Erfolgskurs. Champagnerkorken knallten, das Edelgetränk sprudelte und immer wieder wurde laut gejubelt, als sein Team ihn hoch und höher leben ließ und ein echter Hauch von geschäftlicher Erotik lag in der Luft. Zusammen mit ihnen allen war er mitten auf der „street to success", auf einer echten Wow-Wave, die ihn hoffentlich noch lange weitertrug …
So weit, dass er mit Lisa – aufgepuscht wie er war – es noch nicht einmal mehr bis ins Bett schaffte. Dafür aber aufs Sofa. Wie verrückt ließen beide ihren Gefühlen freien Lauf, so ausgelassen und ungestüm. Denn er war selig und verliebt wie am ersten Tag. Heute, jetzt, in diesem Augenblick wollte er sein Glück nur noch genießen und teilen, mit dem Menschen, den er am meisten liebte: mit Lisa …

Gefahr im Verzug: den heißen Atem im Nacken

Mit seinen Eltern hatte er sich zum Glück schon lange wieder vertragen. Zwar konnte sein Vater nach wie vor nicht verstehen, was genau er nun arbeitet und womit er so viel gutes Geld verdienen konnte, aber es war ihnen wichtig, dass es ihm gut geht. Und genau diesen Eindruck vermittelte er ihnen. Voller Stolz zeigte er ihnen die Fotos von der Convention und den kleinen Videofilm von seiner Rede. „Toll, mein Junge. Das machst Du ja ganz souverän!", freute sich seine Mutter und drückte ihn an sich. „Na ja, ich war zugegeben ziemlich aufgeregt, aber es hat funktioniert!", lachte er etwas bescheiden. Indessen bestaunte sein Vater die Rolex. „Alle Achtung. So ein edles Stück habe ich nie besessen. Meinen Glückwunsch!", sagte er anerkennend. „Und die hast Du geschenkt bekommen?", fragte er ungläubig nach.
„Fast. Das ist eine Art Prämie, wenn man eine bestimmte Leistung in unserem Geschäft erbringt. Eine Auszeichnung für den außergewöhnlich guten Teamauf-

bau und den sehr guten Umsatz über eine fest definierte Zeit hinweg. Also kein einmaliges Strohfeuer. Denn bei uns geht es ja um langfristigen Erfolg …!", erklärte er seinem Vater, was diesen sichtlich beeindruckte und zugleich beruhigte. Kein Wunder, war er doch so etwas aus seinem bisherigen Arbeitsleben nicht gewohnt. Als leitender Angestellter konnte er sich nicht vorstellen, für seine Arbeit und seine Leistung eine wertvolle Uhr oder etwas anderes zu bekommen. Wenn es mal ein verbales Lob gab, dann war das schon außergewöhnlich – andererseits auch wieder völlig normal im Angestelltendasein. „Tja, das sind schon wilde, ungewöhnliche Zeiten heutzutage im Berufsleben!", resümierte sein Vater den Tatbestand an sich.

Kurz darauf im Steakhouse. Inzwischen war dies der neue Treffpunkt zwischen Lenny und ihm. Das „Café Freedom" hatte ausgedient, dort, wo sie sich einst zu Beginn immer trafen. Aus dem anfänglichen Cappuccino und der Cola light war mittlerweile Filetsteak mit einem Glas Merlot-Rotwein geworden. Ein Glas, mehr nicht, denn das Auto und der Führerschein waren ein Heiligtum in ihrem Business, das nicht aufs Spiel gesetzt wurde. Außerdem liebäugelte er mit einem neuen Gefährt – aus seinem bisherigen sollte ein viersitziges Sport-Coupé werden, die Sechserreihe, geleast, dunkelblau-metallic.

„Alex ist Dir auf den Fersen!", sagte Lenny ihm offen ins Gesicht. „Der gibt richtig Gas – sowohl beim Aufbau neuer Geschäftspartner als auch bei den Umsätzen. Pass auf, dass er Dich nicht überholt. Du musst eine Schippe drauflegen, sonst geht Dir sein Umsatzvolumen für Deinen Verdienst verloren. Das aber brauchst Du für Deine nächste Karrierestufe – und ehrlich gesagt, ich auch!", mahnte sein Mentor.

„Aber wieso überholen? Alex ist doch eine Downline von mir. Wenn er Gas gibt, kann es doch mir nur nützen?", fragte er etwas ungläubig nach.

„Schon, aber … Du weißt, dass Du Dich beim Umsatz nicht allein auf Deine stärkste Line stützen kannst und wenn die anfängt mehr zu produzieren als Du, dann hast Du das Nachsehen. Da hilft nur eins: Noch mehr Gas geben, neue Firstliner gewinnen und die eher etwas schwächeren Teams auf Erfolgskurs bringen!", betonte Lenny.

„Okay, danke dass Du mich gewarnt hast. Alex ist ein Freund von mir, und dazu wirklich meine stärkste Downline. Der macht mit seinen Social Media-Aktivitäten richtig Feuer. Das ist beeindruckend, was für eine Performance er da hinlegt. Aber das kriege ich auch hin. Ich werde mal mit ein paar von meinen Leuten sprechen, die auch primär im Internet unterwegs sind. Dann werde ich das auch schaffen!", pushte er sich selbst.

Tags darauf veranstaltete er einen Videocall. Das Thema: „Wachstum". Natürlich wollte er den anderen in seinem Team nichts davon verraten, dass Alex ihm auf den Fersen war und eine ernste Gefahr bestand, dass er sogar überholt werden würde. Vielmehr wollte er den Teilnehmern im Call deutlich machen, welche Vorteile sie selbst davon haben, wenn sie zunehmend weiter wachsen. Sein Plan: Verstärkte Aktivitäten im Internet, Video-Calls, Webinare, automatisiertes Sponsoring und Recruitingprozesse. Er wollte Alex quasi mit dessen eigenen Waffen schlagen. „Geht noch einmal alle Eure Produktnutzer durch und sprecht sie auf die tolle Möglichkeit an, die monatlichen Kosten für die eigenen Produkte zu refinanzieren und dafür lieber Geld zu verdienen, und so persönliche Freiheit und finanzielle Unabhängigkeit zu erlangen. Macht aus zufriedenen Kunden neue Partner, legt da Euren Hauptmerk aktuell drauf. Damit vervielfacht Ihr die Umsätze, erreicht schneller Eure nächsten Karrierelevel und kurbelt auch Euren Erfolg weiter an!", machte er seinen Leuten die anstehenden Herausforderungen schmackhaft.

Und um den Anreiz noch weiter zu erhöhen, stellte er ein tolles Incentive in Aussicht: „Wenn wir am Monatsende die Nase richtig vorn haben, dann lade ich die zehn besten Businessbuilder für eine Woche nach Ibiza ein, wo wir ordentlich einen drauf machen. Wie sieht's aus? Seid Ihr dabei? Gehen wir ans Limit?", motivierte er die Anwesenden. Lautes Rufen und Gejohle auf den Monitoren waren die Antwort. „Und jetzt lasst uns alle rausgehen und den anderen zeigen, was es heißt, Teil unseres Movements zu sein, in unserem Dream-Team ...!", pushte er sie noch einmal weiter auf.

Das hatte gesessen. Da war er sicher. Und die Reise nach Ibiza würde er auch organisiert kriegen, kein Problem. Dennoch wusste er: „Wer sich auf andere verlässt, ist verlassen!" Diese bittere Lektion hatte er schon Jahre zuvor gelernt, eine Erfahrung aus seinen Anfangszeiten. Und daher galt für ihn stets das Motto: Führen durch Vorführen! Gehe stets mit gutem Beispiel voran, dann folgen dir alle mit gleichem Eifer. Und genau das tat er – und zwar indem er konzentriert und mit eiserner Disziplin am Expansions-Rad drehte. Wie einst, bevor er seine Ehren-Uhr verliehen bekam und wo er sich überall Post-it's mit einem Slogan drauf aufgehängt hatte, so machte er es auch diesmal. Nur, dass er sich nun ein Foto von Alex kopierte und es überall platzierte. Im Bad am Spiegel, im Auto am Lenkrad, auf der Rückseite seines Smartphones und natürlich lachte das Konterfei von Alex von seinem Handy- und Tablet-Display. Und noch einen Trick hatte er auf Lager: In jede Hosen- und Jackentasche steckte er sich eine Fotokopie des Bildes von Alex, damit er in jeder Situation gewarnt wurde, wie dicht sein Freund und ehemaliger Kollege ihm auf den Fersen war. Das war kein Spiel, das war knallharter, ernsthafter Wettbewerb. Und er war nicht gewillt, anderen den Triumph zu überlassen. Vor allem nicht, weil er es war, der Alex einst ins Network-Geschäft gebracht hatte. Diesen Vorteil wollte er unter gar keinen Umständen verlieren.

Natürlich hatte Alex mitbekommen, warum plötzlich im Team eine aktuell eher etwas angespannte Stimmung herrschte. „Wir sind doch keine Gegner, oder?", hatte Alex ihn respektvoll gefragt.
„Nein, wir sind und bleiben Kollegen, Freunde sowieso, aber aktuell stehen wir auch etwas in Wettbewerb zueinander!", erklärte er seinem alten Buddy. „Das macht unser Business ja auch auf der anderen Seite so spannend, aber keine Angst, bleib' Du auf Kurs und ich tue ebenfalls alles was nötig ist und dann werden wir ja sehen, wo wir am Ende stehen. Das ist ein fairer Wettkampf!", machte er Alex gegenüber deutlich und reichte ihm die Hand.

Beide Teams gaben an den folgenden Tagen und in den nächsten Wochen wirklich alles.
Und dennoch – der Spaß, die Freude am Business, daran vom Smartphone aus viele andere Menschen auf eine einmalige Reise mitzunehmen, Ihnen Angebote

für noch mehr Living Power und Living Joy zu unterbreiten, wirkten sich mehr als positiv auf die Umsatzvolumen aus. Hier waren zwei tolle Führungskräfte mit ihren hervorragenden Teams auf Augenhöhe im direkten Vergleich. Ein Kontakt folgte auf den nächsten, ein Gespräch jagte das folgende. Ob online oder offline – jede Möglichkeit wurde genutzt.

Und dann war es soweit – Tag der Abrechnung! Er saß neben Alex, beide hatten Ränder unter den Augen, weil sie das letzte aus sich und ihren Teams rausgeholt hatten.
Lenny Meier kam zu ihnen, hatte Umsatzlisten in der Hand, auf denen Zahlen über Produktlieferungen, über Bestellungen, über Zahlungseingänge, noch ausstehende und schon geleistete Beiträge und Abbuchungen eingetragen waren. Die Ergebnisse waren ihm kurz zuvor aus dem Top-Management zugemailt worden. Das war der ausdrückliche Wunsch der beiden Leader gewesen, dass er als quasi Schiedsrichter fungierte. „Guten Morgen, meine Herren, sie sehen so frisch und erwartungsvoll aus!", frotzelte er die beiden ermatteten Networker. „Ich will Euch beide gar nicht lange auf die Folter spannen. Das Ergebnis ist klar, wenngleich auch eher knapp. Es war ein wirkliches Kopf-an-Kopf-Rennen. Aber der Sieger steht nun fest und der heißt .... Alex, Du bist es nicht. Du hast mit einem sensationellen Ergebnis knapp den zweiten Platz ergattert ...!"

Er atmete tief und laut aus, drehte sich zu seinem Freund Alex um und umarmte ihn. „Du hast mir das Leben ganz schön schwer gemacht, mein Freund!", lachte er und klopfte Alex auf den Rücken. „Noch so ein Fight und ich bin reif für die Insel!"
„Hat Spaß gemacht und ich gönne Dir den Sieg von Herzen, ehrlich!", sagte Alex.
„Das weiß ich und ich weiß das noch mehr zu schätzen. Das ist, was Freundschaft bei allem Wettbewerb ausmacht – Fairness, Ehrlichkeit und Respekt. Darum möchte ich Dich auch mit auf unsere Ibiza-Tour einladen. Schließlich bist Du ja auch der Grund dafür, dass wir da überhaupt hinfliegen!", lachte er.
„Supergerne, Einladung angenommen!", entgegnete Alex.

Vier Wochen später ging es mit einem Charterflug nach Ibiza, die Party- und Gute-Laune-Insel. Nicht, dass er sich nicht schon mal für das eine oder andere Incentive qualifiziert hatte. Aber diesmal war er alleiniger Organisator und Leader sowie Teilnehmer in einer Person.

Um auch den größten Spaß rund um die Uhr zu erleben, hatte er ein Clubhotel mit allen Annehmlichkeiten und Party total in Playa d´en Bossa auf der Baleareninsel gebucht. Essen, Trinken, Feiern, Sport und die besten Erlebnisse, die die Insel zu bieten hat – fünf Tage Highlife mit allem Drum und Dran. Jeder Teilnehmer hatte sein Einzelzimmer, auf dem Bett lag ein extra produziertes Programm-Mäppchen parat und plötzlich gaben die Smartphones der Teilnahmer allesamt zur gleichen Zeit einen Ton von sich: eine neue Message! Es war ein kurzer Trailer über Ibiza und was es für sie als Team hier Tolles zu erleben gab. Der Vorfreude-Faktor schoss gleich nochmal in die Höhe. An der Bar, an der sich kurz darauf ale trafen, wurde erst einmal zur Begrüßung ein Cocktail gereicht. Alle stießen miteinander an und er rief voller Freude und Stolz: „Herzlich willkommen zur Party total auf Ibiza. Viel Spaß auf der Insel, ihr habt es Euch verdient. Danke für Euer Engagement. Und jetzt – rein in die Badeshorts und Paaaaaaaarty maaaachen....!", feuerte er seine Leute an und die antworteten mit erhobenen Gläsern und lautem Jubelgeschrei!

Am Pool, am Strand, an der Bar – von morgens bis abends genossen die erfolgreichen Networker das Leben, die Insel und ihren Erfolg. Zusammen hatten sie Spaß, relaxten am Pool, erkundeten Strand und Meer und feierten abends fröhlich und ausgelassen in den zahlreichen Clubs der Party-Insel. Aber: Feiern mit Stil war bei ihnen ebenso Programm wie ein stets freundliches, angenehmes Auftreten, was mit zu ihren Werten gehörte, die sie verkörperten und die sie ebenso lebten.

Motivationkiller

Er warf mit einem Auge einen Blick auf den Wecker – 9.15 Uhr. Heute war Samstag, und er hatte sich ein wenig mehr Schlaf gegönnt. Die letzten Wochen und Monate waren hart genug gewesen. Neben ihm lag seine Freundin Lisa, die Knie angezogen, eine Hand unter dem Kissen geschoben, ihr verführerisches Dekolleté mit der Bettdecke nur halb bedeckt. Heute wollte er mal Kavalier sein und stahl sich leise aus dem Bett, um in der Küche den Kaffee zuzubereiten. Eine Kunst war das nicht, denn er musste nur den Knopf an dem chromblitzenden Kaffee-Vollautomat drücken. Ein wohliges Aroma erfüllte den Raum und schon ging er leise barfuß ins Schlafzimmer zurück, in jeder Hand einen Becher mit frischem Kaffee. Gerade wollte er Lisa sanft wecken, als sein Handy im Flur bimmelte. Verdammt. Schnell stellte er die Becher ab und schritt raus in den Flur.

„Ja, bitte …?", meldete er sich.

„Hier ist Lenny. Sorry, dass ich Dich am Samstagmorgen störe. Aber ich habe eben eine Mail von einer Partnerin von Dir bekommen. Marion hört auf!"

„Wie bitte? Das kann sie doch nicht machen? Einfach so? Was wird denn aus Ihrem Jungen? Das akzeptiere ich nicht. Ich rufe sie an und biege das grade!"

„Kannst Du vergessen. Ist eine dumme Geschichte. Sie hat was mit Alex angefangen. Ein Techtelmechtel. Du weißt ja wie das läuft. Liebe im Job – entweder top oder ein Flop!", reimte Lenny und wollte ein wenig witzig sein.

„Oh man, dieser Filou. Alex kann einfach nicht die Finger von den Frauen lassen. Ich wette er hat ihr die große Liebe versprochen und jetzt Schluss gemacht, stimmt's?"

„Ja, so ähnlich ist es wohl gelaufen. Und Marion hat daher nun die Reißleine gezogen. War wohl schon die nächste Herzens-Enttäuschung …!", raunte Lenny

„Ich versuche es trotzdem sie umzustimmen. Hat sie Dir nur geschrieben, dass sie ausscheidet oder geht sie zu einem anderen Network? Nicht, dass sie ihr ganzes Team mitnimmt. Das wäre dann nämlich echt hässlich!", resümierte er nachdenklich.

„Versuch' Dein Glück, aber ich kann mir nicht vorstellen, dass sie einlenkt!", machte Lenny deutlich.

Verdammt, was war denn bloß los. Seit einer Woche jagte eine Hiobsbotschaft die andere. Erst hatte er am Montag mit zu vielen Drop-outs zu kämpfen, wobei er einige noch mit Ach und Krach wieder hingebogen bekam. Andere Kunden hatte er schlicht und einfach an Wettbewerber verloren. Dann waren einige Zusagen zur Geschäftspräsentation am nächsten Wochenende abgesprungen und auch die Sponsor-Zahlen seiner Teamkollegen waren alles andere als berauschend. Und jetzt noch das. Ausgerechnet Marion – seine frühere Arbeitskollegin, die sich so gut entwickelt hatte und in die er so viel Zeit und Engagement investiert hatte, wollte gehen. Und das nur, weil sein Freund Alex mal wieder nicht die Finger von ihr lassen konnte und mehr mit der Hose als mit dem Kopf dachte. Ja, er war wütend, er war enttäuscht und auch nervlich gerade am Limit. Warum machte er das alles hier überhaupt, wenn nur wegen ein bisschen Bett-Amüsement seine ganze Arbeit über den Haufen geworfen wurde? Am liebsten wäre er jetzt zu Alex gefahren und hätte ihn gemaßregelt. Aber wahrscheinlich hätte er ihn eh nur mit irgendeiner anderen im Bett erwischt. So war Alex nun mal – kein Kind von Traurigkeit in jeglicher Hinsicht.

Angenervt und innerlich geladen warf er sich mit einem Schwung auf seine noble Ledersitzlandschaft mit den tiefen Sitzen, auf denen man fast mehr liegen als sitzen konnte. Dazu stopfte er sich das große Couchkissen mit Stars-and-Stripes unter den Kopf und zog seine Schuhe aus. Eine Runde Abliegen – das tat er immer gern, wenn er nachdenken musste und wollte. Er schaute raus aus dem großen, breiten Fenster rüber in die Parkanlage. Seit sechs Monaten wohnte er mit Lisa nun hier in dieser neuen, schicken Wohnung. Altbau, 160 Quadratmeter, hohe Stuckdecken, Marken-Einbauküche mit Frühstückstresen und schwerer, schwarzer Granitplatte, zwei Marmorbäder mit verspiegelter Dusche und extragroßer Whirlpoolwanne. Teilweise waren in der Wohnung übergroße, quadratische weiße Hochglanzfliesen verlegt, andere Zimmer waren mit grauem Hochflor-Teppich ausgelegt. Und das Ganze in einer Top-Lage der Stadt. Als seine Eltern das erste Mal zu Besuch waren, fragte sein Vater sogar, ob sie die Schuhe ausziehen sollten, weil das hier ja alles so chic und vornehm aussah. Er geriet ins Grübeln. Nachdenken war ja erlaubt. Zweifel nicht! Zweifel sind nämlich die größte Gefahrenquelle für erfolgreiche Menschen, denn sie machen viel kaputt. Vor allem, weil sie das Warum zernagen und die Motivation in den Keller drücken. Apropos warum – warum machte er das alles? Was war der Grund, dass er morgens aus dem Bett sprang und den ganzen Tag Vollgas gab. Ihm ging es doch gut! Die Wohnung groß genug, das Sport-Coupé stand mittlerweile in der Tiefgarage, er trug modische Markenklamotten und auch seiner Freundin mangelte es an nichts. Warum also immer weiter und weiter machen? Und dann zu allem Überfluss auch noch solche schlechten Nachrichten, die er eben von Lenny erfahren hatte. Was war sein persönliches Warum? Der Blick aus dem Fenster wurde zunehmend durchdringender. Er beobachtete, wie sich die Kiefernspitzen auf der Parkseite im leichten Wind hin- und herwiegten. Seine Gedanken fingen an sich wieder zu ordnen. Er kannte sein Warum, wusste, was sein Antrieb war, was ihn Tag für Tag dazu brachte, zu rennen. Ja, er wusste es ganz genau und sah es jetzt klar und deutlich vor sich. Es war seine Vision – und alles, was dazugehört. Denn noch hatte er sein Ziel nicht erreicht. Noch war seine Vision nur ein Bild in seinem Kopf, aber noch lange nicht Realität.

Seine Gedanken schweiften in die Vergangenheit, zurück zu seinem Ex-Arbeitgeber, wo er seine Lehre gemacht hatte. Da lag der Ursprung seiner Vision – Freiheit, totale Freiheit wollte er erlangen. Totale zeitliche, örtliche und vor allem finanzielle Freiheit. Und bis es soweit war, waren noch ein paar sehr wichtige Schritte zu gehen. das Erreichen dieses Ziels, die Realisierung dieser Vision war seine größte Motivation. Das war sein innerer Antrieb, der ihn immer wieder den inneren Schweinehund überwinden ließ. Ja, manchmal brauchte es auch noch ein bisschen mehr Anschub, dann lockten ihn eine tolle Incentive-Reise seiner Company, damit er eine Extra-Ladung Gas gab, oder es war auch immer wieder mal der Lockruf des Geldes, der ihn antrieb. Die Partys machen Spaß, die Urkunden, die Pokale freuten ihn – aber den echten Kick, seine Motivation, die ihn die Schallmauer des Machbaren durchbrechen ließ, das war seine Vision, sein sehnsüchtiges Begehren nach totaler Freiheit. Und weil das so war, würde er sich ab sofort von nichts und niemand mehr aufhalten oder ausbremsen lassen. So wahr er hier in seinem Sessel saß und sich pushte:. „Marion will gehen? Von wegen!", sagte er zu sich selbst. „Dich werde ich gleich anrufenund und wieder vom Geschäft und unserem Team überzeugen!", schwor er sich. „Mich hält nichts und niemand auf ...!", murmelte er vor sich hin.

„Wer ist Marion? Mit wem sprichst Du denn gerade?", fragte Lisa ihn verwundert und stand in ihrem kurzen, schwarzen Negligé leger angelehnt im Türrahmen. „Mit mir selber!", zwinkerte er ihr zu und lockte sie, sich auf seinen Schoß zu setzen ...

Meetings: Lebenselixier & stetige Kraftquelle

Er hatte sich selbst den Kopf und seine Gedanken geradegerückt. Yes, er war richtig gut drauf und bis in die Haarspitzen motiviert. Genau der richtige Zeitpunkt, um für 18 Uhr heute am Samstag noch ein kurzfristiges Spontan-Meeting einzuberufen, um die Planung für die nächsten Monate festzuzurren. Zu viel stand auf dem Spiel, um auch nur eine winzige Kleinigkeit schleifen zu lassen. Zum einen waren mehrere neue höhere Karrierestufen für einige seiner Team-Partner in erreichbarer Nähe. Aber dazu mussten noch ein paar Stellschrauben entsprechend gedreht werden. Zum anderen ging es um die große Master-Reise nach Südfrankreich. Ein gewaltiges Spektakel in Cannes, und da wollte er doch, dass ein großer Teil seiner Führungskräfte mit dabei sein sollte. Also gab es auch in dieser Richtung einiges zu besprechen und zu planen. Und zu guter Letzt stand seine eigene nächste Erfolgs-Position auf dem Tableau, eine kurz vor dem ganz großen Ziel. Es ging also um mehr als um die berühmten Peanuts. Nach all seinem Kopfkino am Morgen war er jetzt einfach zu gut drauf. Wie hieß es daher in seiner heißgeliebten Network-Branche immer so schön? Bist Du nicht gut drauf, brauchst Du das Meeting, bist Du aber gut drauf, braucht das Meeting Dich!

Natürlich – wenn er rief, kamen sie alle, fast alle. Außer Alex, der hatte sich entschuldigt – angebliche Migräne. Ah ja, diese Art von Migräne kannte er. Im Volksmund wird sie auch „Kater" genannt und ist die Folge von zu exzessivem Feiern und zu viel Party machen. Aber noch mehr vermutete er, dass Alex nicht den Schneid hatte, ihm wegen der „Causa Marion" unter die Augen zu treten. Immerhin hatte er sein Vorhaben wahr gemacht und hatte es tatsächlich geschafft, Marion zum Bleiben in der Organisation zu überreden. Leute zu etwas zu überreden, war sonst eigentlich gar nicht seine Art. Aber bei Marion musste er es tun. Sie war seiner Meinung aus der Spur geraten und hatte eine Entscheidung getroffen, die einfach nicht gut für sie war. Davon war er überzeugt und genau das wollte er wieder richten. Er sah sich selber in der Verantwortung bei ihr, denn er hatte sie ja selber ins Unternehmen gebracht. Und deshalb gab er sich größte Mühe und zog alle nötigen Register, um sie von ihrer ursprünglichen Entscheidung abzubringen. Und es gelang ihm – auch dank seiner Empathie! Er wusste zu argumentieren, Einwände zu behandeln und schlagfertig die passenden, treffenden Argumente vorzubringen.

Im Meeting selber ging es mit viel Motivation und voller Lust auf Erfolg zur Sache. Es herrschte eine aufgekratzte Stimmung und dabei wusste er genau, wie er das Beste aus seinen tollen, engagierten Partnerinnen und Partnern herausholte. Noch mehr Leistung und eine gute Performance bei anderen zu bewirken, das ist auch stets ein Stückchen Psychologie. Es ist die Kunst, sich in andere und in ihre Gedankenwelt hineinzuversetzen. Jemand, der sein Business derart mit Haut und Haaren betrieb und es mit jedem Nerv liebte, der entwickelt zunehmen das richtige Gespür. Außerdem hatte er sich im Laufe der Zeit durch seine hervorragende Performance für so manches Weiterbildungs-Seminar seiner Company qualifiziert. Denn Aus- und Weiterbildung sind im Networking ein wesentlicher Bestandteil des Erfolges. Von der Kommunikation bis zur gekonnten Führung, von mentalen Herausforderungen bis hin zu betriebswirtschaftlichen und unternehmerischen Aufgaben – er hatte viel im Laufe der Jahre und Monate dazugelernt und war zu einer hervorragenden Führungskraft gereift. Auch das gehörte zur eigenen Persönlichkeitsentwicklung mit dazu. Kein Wunder, dass es im Network-Business den Insiderspruch gab: „Von der Wiege bis zur Bahre – Seminare, Seminare …!"

Aber dank dessen war es ihm möglich, sich in seine Partner hineinzuversetzen, bei ihnen zwar ambitionierte aber ebenso umsetzbare, realistische Planungsziele für die kommenden Wochen heraus zu kitzeln. Diese erarbeiteten Ziele waren echte Commitments – ihm und dem Team gegenüber, denen man sich dann auch wirklich verbunden fühlte.

True leaders are givers not takers

Aufmerksam studierte er wenig später die abgegebenen Planungen seiner Teampartner. Bei einem Blatt blieb er hängen. Tom war ein Kandidat, der irrsinniges Potential hatte, es aber nicht wirklich abrufen konnte. Er war einfach zu sehr auf sich bezogen, stellte sich ständig in den Vordergrund und spielte vor den Kunden den großen Macker. Sein Ego war groß, sein Drang, sich ständig in den Vordergrund zu stellen, noch größer. Statt sich etwas zurückzunehmen und den Nutzen für andere in den Vordergrund zu rücken, mimte er lieber den Alleswisser. Schade, vor allem, weil er eigentlich als Typ bei anderen sehr gut ankam. Er hatte Charme, sah adrett aus, war stets gut gelaunt und hatte einen gepflegten Wortwitz. Aber so, mit seiner Art als „Gerne-Groß", legte er sich selber die Steine in den Weg und machte sich das Leben schwerer als nötig. Tom hätte vom Knowhow her schon lange neben Alex auf gleicher Karriere-Augenhöhe rangieren können. Aber es fehlte ihm vor allem an einem: der nötigen Prise Mäßigung, indem nicht er immer im Mittelpunkt stehen musste, sondern dass er – vor allem den Kunden und Partnern – den Vortritt ließ und sich dabei etwas zurücknahm.

„Tom, kommst Du bitte einmal?", bat er seinen Teampartner in den Meeting-Raum zurück. „Können wir kurz reden?"
„Klar, gerne!", sagte Tom und setzte sich gespannt an den Tisch.
„Kennst Du den Spruch aus der Bibel: Geben ist seliger denn nehmen?", fragte er.
Toms Antwort kam prompt: „Ja, schon mal gehört. Wieso?"
„Weil das auch in unserem Business zutrifft. Du bist ein toller Kerl. Das wissen wir alle – auch Deine Partner in Deinem Team. Aber wer eine echte Führungskraft ist, gibt lieber, als dass er nimmt. Zuhören ist wichtiger als selber zu reden. Denn wer zuhört, erfährt auch, ob ein Kunde unser Produkt braucht, ob er einen

wirklichen Bedarf hat. Und das ist immens wichtig, damit Drop-outs – so gut es nur geht – vermieden werden. Und genau da ist der wunde Punkt bei Dir. Denn Du bist so ein guter Verkäufer, dass Du die Leute regelrecht überredest, etwas zu kaufen, was sie eigentlich so gar nicht brauchen. Oder sie wissen kurze Zeit später zumindest nicht, warum sie es gekauft haben und somit kommt es dann zu der hohen Zahl Deiner Drop-outs. Sie kaufen bei Dir, weil Du es Ihnen verkaufst, aber nicht, weil sie überzeugt sind. Ich spreche das Thema vor allem deswegen an, weil ich hier Deine Planung sehe. Sicher, ich mache mir gar keine Gedanken, dass Du die Umsätze und Produktnutzerzahlen bis zum entsprechenden Zeitpunkt erreichst. Das schaffst Du sogar locker. Aber es nutzt Dir und uns allen überhaupt nichts, wenn die Werte ein paar Wochen später wieder wegen der drohenden Drop-outs-Quote zusammenbrechen. Das ist nicht nur zu mühsam, das ist auch für Dich ein zeitraubendes Geschäft, was Dich dazu Energie kostet und Dich am Vorankommen hindert. Also tu' Dir bitte vor allem den Gefallen und biete den Kunden Deine Hilfe an, zeige Ihnen, dass Du für sie etwas als Lösung parat hast, was ihnen im Leben weiterhilft, was ihnen von Nutzen ist und höre ihnen zu. Schenke ihnen mehr Deine Aufmerksamkeit, leihe ihnen Dein Ohr und entdecke beim Zuhören, wo ihr wirklicher Bedarf ist. Ich garantiere Dir, wenn Du das beherzigst, dann wird Deine Drop-out-Quote spürbar zurückgehen, Dein Einkommen wird erheblich steigen und Dein Einsatz, Dein großes Engagement werden sich auch im Hinblick auf Deine Karriere noch viel mehr lohnen. Alles in allem wird sich das für Dich auszahlen. Was meinst Du?", hakte er nach und schaute Tom dabei an.

„Du hast absolut Recht. Aber mit mir gehen immer wieder die Pferde durch. Ich ertappe mich selber dabei, wie ich plötzlich anfange in alte Muster zu verfallen. Ich muss und will mir das ja auch dringend abgewöhnen. Aber wie?"

„Im Kopf fängt es an. Du musst Deine Einstellung, Dein Mindset ändern. Handel nach dem Slogan ‚Put others first', dann hast Du eine ganz andere Energie bei der Präsentation von unserem Produkt und wirst damit dann auch nachhaltigere und vor allem stabilere Ergebnisse erzielen!", erklärte er Tom.

Tell your story – vor 4.500 Leuten

„Du bist durch! Ich habe eben noch einmal mit dem Top-Management der Company telefoniert, und die haben mir das Ergebnis bestätigt. Du hast es geschafft. Das vorletzte Karrierelevel gehört Dir. Du stehst kurz vor der Ziellinie. Noch einen Kraftakt mit Power-Spurt und Du bist der King!", freute sich Lenny und packte ihn liebevoll am Nacken. Er lächelte, er lachte, aber so richtig angekommen war die freudige Botschaft noch nicht. Auch, weil er viel zu fertig, zu müde, zu überarbeitet war. Was waren das für Nächte, für Tage und für Wochen, die er zuletzt erlebt hatte. Schlaf war zum Luxusgut verkommen. Hier mal eine Stunde auf der Couch, da mal ein Stündchen mit dem Kopf auf dem Schreibtisch. Ihm rauschten die Sinne, die Augen tränten, weil sie von der Arbeit vor dem Rechner überanstrengt waren. Alle Knochen taten ihm weh und selbst das Denken fiel ihm schwer. Kaffee hatten sie alle Literweise getrunken. Manche aus dem Team waren schon dazu übergegangen, die Kaffeebohnen roh zu kauen, damit das Coffein pur in die Blutbahn schoss und der Hallo-wach-Effekt noch heftiger wurde. Sie hatten alle als Mannschaft wie verrückt geschuftet. Es wurden Termine vereinbart, so viel am Tag wie nie zuvor. Unentwegt hingen sie am Handy und Notebook, dass die Smartphones und Bildschirme schon ganz heiß waren. Sie forcierten noch weiter das Geschäft, indem Sie draußen beim Interessenten vor Ort aktiv waren. Vom Interessenten zum Produktnutzer werden – das war die Devise. Hilfe anbieten, Lösungen vorschlagen und den frisch entdeckten Bedarf abdecken, dass die Umsätze sicher und solide waren. Selbstverständlich wurde parallel dazu auf Teamerweiterung gesetzt. Alle Register wurden gezogen, um hier die Quote exorbitant nach oben zu treiben. Und zu guter Letzt wurden ebenso die Aktivitäten im Netz vorangetrieben. Ob Facebook, Instagram, LinkedIn oder Xing, ob per E-Mail oder Messenger – alle Kanäle liefen rund um die Uhr regelrecht heiß. Es wurde gechattet und gepostet, Bilder hochgeladen, Kontakte generiert, angeschrieben, eingeladen und alles nötige und noch viel mehr unternommen, um die Visionen umzusetzen, die einzelnen individuellen Ziele zu erreichen; aber auch, um sein großes vorletztes Karrierelevel mit Hilfe des Teams zu realisieren. Denn im Network-Marketing ist so etwas reine Teamarbeit: Network-Marketing ist das Ende der Einzelanstrengung. An einem Strang und dazu in eine Richtung ziehen. Das ist gleichbedeutend mit geballter Kraft, mit gebündelter Energie, die auf einen Punkt konzentriert wird – das gemeinsame, große Ziel. Noch Minuten bevor das Backoffice schließen sollte, hatten sie die letzten Produktbestellungen und Partner-Registrierungen eingegeben und hatten dann gewartet, ob es wirklich gereicht hatte. Punkt 23 Uhr am Freitag war Deadline. Und mit dem Gong zur vollen Stunde waren die letzten Zahlungsdaten, Adressen und Kontoverbindungen eingetippt worden. Ob sie noch mit angerechnet worden waren? Sie wussten es alle nicht. Auch er nicht. Umso erleichterter waren er und sein Team jetzt, nachdem Lenny die frohe Kunde verkündet hatte: Geschafft! Aber dennoch waren sie vollkommen erledigt, vor allem, als sie spürten, wie die Last von ihnen abfiel, der Druck der Erleichterung wich und sie langsam wieder zu Atem kommen konnten.

Die Woche danach machte er erst einmal eine Woche Urlaub. Entspannen am Strand von Maspalomas im Süden der Kanareninsel Gran Canaria. Schlafen, am Strand dösen, die Sonne genießen, gut essen, noch besser trinken und mit Lisa endlich mal wieder wertvolle Quality-Time verbringen… ja, auch für Sie hatte er endlich Zeit, um Ihr zu zeigen, was sie ihm bedeutete und wie sehr er sie liebte. Er genoss es, die Zeit mit ihr zu verbringen, zusammen zu reden, zu lachen und füreinander da zu sein …

Braun gebrannt, gut erholt und mit aufgeladenen Energietanks war er dann eine Woche später bereit: Die große Jahres-Convention stand an. Im Estrel Berlin – einem der größten Kongress Center Europas. Knapp 4.500 Teilnehmer, einer riesigen Bühne, pompöses Showprogramm und Drumherum Party, Party und nochmals Party. Man traf sich, hier ein Smalltalk, da ein freundliches Hallo, dort eine freudiges Wiedersehen. Es herrschte gute Laune pur. Und alle hatten sich dafür individuell stylisch zurechtgemacht. Die Damen im schicken Kostüm, im trendy Etuikleid oder im timeless casual Look. Mal in Palazzo-Optik, mal in figurbetonter Slim-fit-Form oder im klassischer Eleganz. Die aktuelle Mode – hier war sie zu sehen. Aber auch die Herren der Schöpfung präsentierten sich im feinsten Zwirn, stylisch und ebenso schick. Es war ein echtes Schaulaufen der Erfolgreichen. Partner des Unternehmens aus aller Welt trafen hier zusammen. Alles Menschen, die Erfolg verkörperten, die den Network-Spirit in sich trugen und lebten und der heißt: Freiheit in jeglicher Form, Hilfe geben, Freude spenden und die Welt ein Stückchen besser machen. Die Luft war erfüllt mit einem positiven Geist, der kreative Kräfte und die Lust auf die eigene Unabhängigkeit beflügelt. Und da er der aktuelle deutsche Überflieger in der Company war, der mit seinem Team zusammen das vorletzte Karrierelevel in einem Mix von leidenschaftlichem Einsatz, beflügelter Stimmung und brennender Energie erkämpft hatte, durfte er erneut die Bühne betreten und in 15 Minuten seine Story erzählen. Auch, um anderen zu beweisen, was machbar ist, wenn man nur will und aus dem eigenen WARUM eine Vision und ein Antrieb entstehen, es auch zu tun. Ja, er wusste, dass 4.500 Frauen und Männer nur darauf warteten, ihn zu hören. Sie wollten etwas von seinem Spirit abbekommen, inspiriert werden, um es ihm nachzutun. Er stand hinter der Bühne, schaute durch einen Spalt raus in den Saal. Da sah er all die Menschen im Publikum, wie sie anderen Rednern vor ihm applaudierten, ihnen lauschten und dabei dachte er sich: „Macht es doch einfach. Was hält Euch auf? Nur ihr selber! Geht los, geht raus und macht es endlich – ohne Wenn und Aber, ohne Ausreden. Tut es einfach und sorgt für Eure Freiheit und Euer Glück!" Am liebsten hätte er es ihnen aus vollem Herzen zugerufen, jedem einzelnen aus dem Publikum. Nein, diesmal war er nicht wirklich nervös, wie damals bei der ersten Convention vor rund 1.000 Leuten. Diesmal war er ambitioniert, er war aufgewühlt und voller Energie, voller Motivation. Heute wollte er alle da draußen aufwecken, sie wach- und aufrütteln. Denn fast jeder von ihnen hätte heute an seiner Stelle stehen können, nein sogar müssen, wenn sie es alle so hart und leidenschaftlich getan hätten wie er. Dass es geht, dafür war er ja nun wohl der beste Beweis … Sein Zeichen, ihm wurde vom Producer zugewunken, der eigens von der Company für diesen Tag engagiert worden war. „Los, los, rauf auf die Bühne, jetzt kommt ihr Part …!", zischte der und überprüfte noch halb im Laufen, ob sein Headset richtig saß und auch einwandfrei funktionierte …

Dann stand er da – mitten im Rampenlicht, auf einer gigantischen Bühne, im Hintergrund das Company-Logo in überdimensionaler Größe auf einer LED-Wand hinter sich, auf der er live in Überlebensgröße zu sehen war und vor ihm ein schlankes, fast spartanisch kleines Rednerpult. „Ach was, ich hab' mein Headset und laufe lieber auf der Bühne auf und ab, nutze den Platz als wie ein steifer Redner im Bundestag am Mikro zu stehen!", schoss es ihm durch den Kopf. Im gleichen Moment pfiff er auf die vorher gegebenen Regieanweisungen und legte los. Der Regisseur hinter der Bühne schwitzte Blut und Wasser. „Was macht der denn da …?", stammelte der noch, doch dann fing das Spektakel an …

„Sie sitzen hier und wollen wissen, warum ich das vorletzte Karrierelevel in unserem einmaligen, sensationellen Karriereplan erreicht habe? Das kann ich Ihnen sagen: Weil ich es wollte! Ich wollte dieses Ziel erreichen. Und ich verrate Ihnen hier noch etwas: Wir sehen uns im nächsten Jahr wieder! Weil ich nämlich auch die letzte Hürde nehmen werde und die finale Karrierestufe erreichen werde. Wie und warum? Weil ich sehr vielen Menschen aus meinem Team dabei helfen und sie nach Kräften unterstützen werde, bis zum nächsten Jahr in meine heutige Position zu kommen. Das ist mein Ziel! Und dabei hilft mir vor allem eines: Mein Glaube an diese Company und meine Identifikation mit den Produkten. Ich liebe, was ich tue, ich lebe dieses Tun jeden Tag, rund um die Uhr, es ist mein ein und alles. Und genau das spüren die Menschen. Die, die vom Interessenten zum Produktnutzer werden, die, die Partner bei uns werden und die, die sich unserem Team angeschlossen haben. Wir alle sind so, wir ticken so, weil wir so sind, weil wir so geworden sind – zum Glück. Denn wir lieben die Freiheit und die erleben wir nur hier in unserer geliebten Network-Marketing-Branche. Hier können wir sie nicht nur erleben, sondern ausleben. Die Identifikation von mir ist meine Triebfeder. Es ist mein Warum. Das Warum, weshalb ich jeden Tag leidenschaftlich mein Bestes gebe!", rief er dem Publikum zu und tosender Applaus brandete auf.

Doch er war noch lange nicht fertig. Heute wollte er es wissen, heute wollte er es den Leuten sagen: „Geben Sie es zu: Die meisten von ihnen sitzen hier, weil sie Geld verdienen wollen. Die einen ein bisschen, die anderen ein bisschen mehr. Das ist okay. Aber nicht für mich. Ich will nicht mehr Geld verdienen, ich will viel Geld verdienen, unverschämt mehr Geld, soviel Geld, dass es schon beinahe unanständig ist. Warum? Ganz einfach – weil ich weiß, dass je mehr Geld wir verdienen, desto mehr Menschen haben wir weitergeholfen. Und genau darum soll es richtig unglaublich viel Geld sein ... Denn nichts ist doch im Leben besser, als anderen zu helfen, sie zu unterstützen und dafür zu sorgen, dass sie ein sorgenfreieres Leben haben. Ja, und genau das tun wir doch mit unseren Produkten. Wir helfen und sorgen dafür, dass das Leben für die anderen ein Stückchen besser und auch leichter wird. Aber hallo, ist das nicht toll? Und wenn ich für die Hilfe auch noch Geld bekomme, dann ist das doch noch umso besser. Sie wollen mehr Geld verdienen? Na, dann helfen Sie doch den Menschen draußen einfach mehr. Sehen Sie es doch einmal unter diesem Gesichtspunkt. Wer hier wenig verdient, der hilft einfach zu wenig. Tun Sie mehr, gehen Sie raus und seien Sie ein guter Mensch, jemand, der anderen hilft. Getrost dem Motto: Tue Gutes und sprich drüber. Starten Sie Ihr Movement, ein Movement der Hilfe, des Supports - und zwar jetzt!", feuerte er sie an.

„Und damit sie meine Worte und meinen Appell nicht gleich wieder vergessen, habe ich ein Andenken für Sie mitgebracht!", kündigte er an.
„Was hat der denn jetzt vor, das hatten wir doch gar nicht abgesprochen!", jammerte der Producer hinter der Bühne sichtlich aufgelöst.
Indessen gab er vorn am Bühnenrand alles. Er griff tief in die Hosentaschen, die er vorher mit versilberten 1-Cent-Stücken gefüllt hatte. Wie beim Karnevalsumzug riss er die Hände plötzlich hoch und warf die Geldstücke ins Publikum. „Wer den Cent nicht ehrt, ist den Euro nicht wert", rief er lachend und schleuderte alles an Cents in die Menge, was er in den Hosen- und Jackettaschen fand. Die Zuschauer waren außer sich, reckten ihre Hände den fliegenden Centstücken entgegen. Jeder wollte ein Andenken an diesen einmaligen, emotionalen Auftritt behalten.

Seine Worte hatten ihn selber inspiriert, hatten ihn selbst schon wieder unter Feuer gesetzt und Lust auf neue Taten in ihm aufkeimen lassen. Doch wurde er von einer Riege Platin-Liner und seiner direkten Upline Lenny Meier aufgehalten. „Du bist ein Teufelskerl!", lachte Lenny und packte ihn am Arm. „Hier geblieben!", raunte auch Franz Schinke, die oberste Diamant-Platin-Line der beiden ihm zu. Auch die obersten Top-Führungskräfte, das Spitzen-Management und viele, die schon mit dem höchsten Erfolgs-Insignien geehrt und ausgezeichnet waren, standen mit dabei, als auch er seine verdiente Auszeichnung für seinen erreichten Rang erhielt und verliehen bekam. Kurz besann er sich für einen Augenblick, dann drehte er sich abrupt um und schritt diesmal zum Rednerpult. „Meine Damen und Herren, ich will es sehr kurz machen. Ich fühle mich geehrt, sage Danke an mein Team, dessen hier heute anwesende Vertreter ich gerne einmal zu mir auf die Bühne bitten möchte. Auch, damit Sie einmal sehen, wer alles für diesen tollen Erfolg im großen Maße verantwortlich ist!", verkündete er und winkte seinen Partnern, die er bisher entdeckt hatte, vehement zu, um sie auf die Bühne zu locken. Jedem einzelnen spendete er selber kräftig Beifall, während seine Leute unter lautem Applaus von den Rängen zu ihm kamen. Ein letztes Mal trat er an das Mikrofon: „Vielen herzlichen Dank! Und wie für das nächste Jahr angekündigt, werde ich dann wiederkommen und wieder hier mit meinem Team stehen – allerdings als derjenige, der das allerhöchste Level unseres phantastischen Karriereplans erklommen hat! Das ist ein Versprechen!", rief er ins Mikro und reckte die geballte Faust in die Höhe, bevor er mit den anderen Spitzenkräften der Company hinter der LED-Wand unter donnernden Beifall und Jubelrufen verschwand.

Lenny und Frank Schinke kamen auf ihn zu: „Starker Auftritt, aber passen Sie auf, dass Sie nicht ins Stolpern kommen!", sagte er in ruhigem Ton und ging gleich darauf weiter.

„Mensch, Du kannst doch nicht so eine Show da abziehen. Was ist, wenn das nächstes Jahr nicht klappt?", hielt Lenny ihm vor.

„Was ist das denn für eine Frage? Das ist gar keine Option, dass etwas nicht klappt. Nächstes Jahr bin ich in der höchsten Position. Und ich fange noch heute mit der Umsetzung an. Mit aller Konsequenz. Mein Mindset ist geschliffen und voll auf Erfolg gepolt!", rief er und blickte sich um. Immer mehr Partnerinnen und Partner eilten zu ihm, um ihm zum Auftritt und zum Sieg zu gratulieren. Doch jetzt sangen sie wie eine verschworene Einheit im Chor: „Olee, ole-ole-oleeee, wir holen Platin, ole-olee …!"

Passives Einkommen: die finanzielle Freiheit

Ich mache aus 4.000 Partnern 8.000. Und aus 8.000 mache ich 10.000 – und zwar in diesem einen Jahr. Die werden dann alle so gute Umsatzvolumen erzielen, dass meine Partner allesamt ein paar Level weiter oben erreichen und einige sogar die eine oder andere Position überspringen werden!", raunte er Lenny zu und tippte dabei mit seinem Zeigefinger als Zeichen der Bekräftigung auf dessen Brust. „Du weißt, was das bedeutet ...!"
„Entweder Du bist gerade verrückt geworden oder Du meinst das wirklich ernst!", entgegnete Lenny kopfschüttelnd.
„Letzteres, mein Lieber. Und ich habe nur eine Frage an Dich: Bist Du dabei?"
„Worauf Du wetten kannst!", sagte Lenny ohne zu zögern.
„Deine Schuld. Du hast mich damals vor vier Jahren angesprochen, weil ich Dir ja angeblich so positiv aufgefallen war. Jetzt musst Du damit fertig werden!", lachte er.

Gleich am Tag nach der Jahres-Convention hatte er mit der Umsetzung seiner Ankündigung begonnen. Während andere wahrscheinlich noch im Bett lagen oder sich die erste Pille gegen Kopfschmerzen eingeworfen hatten, war er schon im Zug unterwegs von Berlin nach Hause und hatte in seinem Abteil mit den Planungen angefangen. Den Umsatz zu steigern war nur möglich mit erheblich mehr Partnerinnen und Partner. Und um die für sich zu gewinnen, hatte er einen ebenso gewagten wie gewieften und kühnen Plan – er wollte sein Geschäft internationalisieren. „Going international" war ab sofort sein Slogan. Dabei wollte er Schritt für Schritt ganz systematisch vorgehen. Erst die deutschsprachigen Länder wie Österreich und die Schweiz, dann die weiteren direkten Nachbarländer rund um Deutschland, und dann wollte er Richtung Mittelmeer und hoch in den Norden nach Skandinavien gehen. Alles gut strukturiert, exakt geplant und auf den Tag genau bis ins letzte Detail durchdacht.

Meeting und Call, nur einen Tag später. All seine Führungskräfte waren um ihn herum versammelt – im Raum und an den Monitoren. „Ich weiß, der eine oder andere ist noch müde von der letzten Umsetzung unserer gemeinsamen Ziele. Aber ich freue mich darauf mit Euch allen zusammen die nächste Vision in die Realität umzusetzen!", motivierte er seine Leute und man besprach, wer in welchem Land aktiv wird. Wichtig dafür: Wer hatte schon bestehende Connections in das eine oder andere Land – Verwandtschaft, Freunde, Bekannte? Genau danach wurde dann auch aufgeteilt, um einen perfekten Anknüpfungspunkt zu finden. Und – natürlich liefen alle Aktivitäten über das Netz. Wo kann man leichter Kontakte herstellen als über eine Anfrage bei Facebook & Co?

Wie viele Kontakte pro Tag, pro Woche und pro Monat gemacht werden mussten, um entsprechend viele Interessenten zu gewinnen, die dann wiederum zu Produktnutzern gemacht werden sollten. Aus ihnen wurden dann im nächsten Schritt neue Partner. Und dies durch enges Kontakten, einen erhöhten Chat-Traffic, regelmäßige Kommunikation und dazu natürlich haufenweise Posts, auf die entweder reagiert wurde oder man die Kontakte ansprach.

Keine vier Wochen später kündigte er an, die ersten Live-Calls mit den neuen Vertriebspartnern aus Österreich und der Schweiz machen zu wollen. „Das wird unser erster, großer International Call. Ein echter Meilenstein in unserem Business!", freute er sich. Auf die Minute genau hatten sich alle entsprechend eingelockt, hatten die Einladungslinks aktiviert und ein Gesicht nach dem nächsten leuchtete auf den Bildschirmen auf. Es war ein gigantisches Spektakel. „Können Sie mich alle hören?", rief er den Köpfen auf den Monitoren zu. Ein bunter Mix aus Stimmen ertönte. Wahnsinn, jetzt war er wieder in seinem Element, turnte und tobte vor der Webcam herum, feuerte nach der Begrüßung die neuen Partner an, motivierte sie bis unter die letzte Hautzelle und schwor sie auf ihre Ziele und die des ganzen Teams ein.

„Wow, wie motivierend ist das denn?", rief er in seine Bürorunde. „Habt Ihr das gesehen? Ist das nicht der absolute Wahnsinn? Die Schweiz und Österreich waren heute zu Besuch bei uns. Hallo Globalisierung! Ich liebe Dich! Leute, wir sind gerade mitten dabei die ganze Welt zu erobern. Yeahhh, rock'n'roll over the world!"

What a feeling! Sie alle schwammen auf der internationalen Welle, fühlten sich geflasht und von diesem Gefühl so richtig angefeuert, noch ein Smash mehr als ohnehin schon. Dabei ließen sie keine Gelegenheit aus, anderen immer wieder zu zeigen, wie man ohne Einsatz von eigenem Kapital seine eigene Firma aufbauen kann. Und wer wollte, kann dies sogar nur am Smartphone oder am Laptop tun. Wie ein Lauffeuer ging die Botschaft rum und bekam einen „real Flow" im Netz. Der absolute Burner! Sie hatten sich alle auf ein Ziel eingeschworen: Es sollte für alle das best year ever werden und sie wollten alle die Veränderung erleben, den Change machen, den sie sich allesamt vorgenommen hatten. Ob Neueinsteiger oder schon erfahrene Leader, sie alle gaben alles und gaben sich ihrer Herausforderung voll hin. Der Spaß kam dabei dennoch nicht zu kurz. Dabei war es ohnehin ein antreibendes, powerndes Gefühl, für so viel Support bei anderen Menschen mit ihrem Produkt zu sorgen.

Österreich, Schweiz … und dann ging es auf Englisch weiter. Eine neue Challenge, denn nun kamen auch Partner aus Italien, Spanien, Schweden, Finnland oder Polen und Ungarn dazu. Gelebte und erlebte internationale Expansion auf höchstem Niveau. Andere sprechen davon, sie waren mittendrin nicht nur dabei. Und die Anzahl der Partnerinnen und Partner wuchs permanent. Ihre Aktivitäten fruchteten, zeigten ihre Dynamik und wirkten sich aus – auf die Umsätze und Produktionszahlen ebenso wie auf ihre Stimmung. Hier noch ein Produkt versenden, dort wieder neue Kontaktdaten aufnehmen, danach die Kontodaten eingeben und ab ging die Post … Sein Business war in Schwung, hatte mega-mächtig Drive.

Staubiges Schulenglisch war heute ohnehin nicht mehr angesagt, Englisch war allgegenwärtig zu lesen und zu hören. Vor allem in der Social Media Area ging vieles heutzutage nicht mehr ohne. Außerdem hatte er sich eh mit dem einen oder anderen Hörbuch von den Großen der Network-Branche beschäftigt und auch da schon gleich die englische Version gewählt, um sich an die Sprache noch mehr zu gewöhnen.

Die Channels waren online, die Zoom-to-Zoom-Einladungslinks verschickt. Zippzapp – einer nach dem nächsten schaltete sich zu, wurde mit gutem Rap und einer Prise R&B in Stimmung gebracht und dann legte er los und war gleich mittendrin. Er legte ein cooles Intro hin, begrüßte seine Zoom-Gäste und war gleich schon wieder in seinem Element – powern, talken und die Partnerinnen und Partner aus ganz Europa heißer als heiß machen. Die Reaktion? Positive Schwingungen – und eine unglaubliche Energie strömte ihm entgegen. Er spürte förmlich, wie er sie alle gepackt, wie er bei ihnen unter die Haut und mitten ins Herz getroffen hatte. Sie brannten, waren höchst motiviert.

Die Wochen vergingen, die Arbeit, die Action, die Power – sie blieben, und die Zahlen stiegen und stiegen. Die Umsätze gingen immer deutlicher spürbar in die Höhe, die Anzahl der Partnerinnen und Partner ebenso. Immer häufiger wurden weitere Calls initiiert. Wenn es mal nur mit bis zu zehn Mitarbeitern etwas zu besprechen gab, dann wurde auch Skype genutzt und Gespräche mit ausländischen Kollegen liefen meistens via FaceTime. Aber auch WhatsApp-Talks und Chats sowie Messenger-News – kein Channel blieb ungenutzt.

Immer heftiger spürte er, dass er auf dem richtigen Weg war, dass es so lief, wie es laufen sollte. Auch sein Mentor Lenny hatte zunehmend das gute Gefühl, dass die Mission „höchstes Karrierelevel" für seinen Freund positiv ausgehen würde. Klar, er sah den Partnern an, was sie für ein Mega-Pensum leisteten und mit wie viel Energie sie zu Werke gingen. Aber jeder noch so kleine Erfolg, jeder Interessent, der zum Produktnutzer und danach zum Partner wurde, war wieder ein Mosaikstein mehr im großen Erfolgs-Puzzle, dem Weg nach ganz oben, nämlich an die Spitze.

Nur Augenblicke später saß er über sein Tablet gebeugt und schaute sich seine persönlichen Umsätze und Punktwerte an – sowohl aus dem Inland, als auch aus dem Ausland. Ein Lächeln huschte über sein Gesicht. Ja, so sollte es sein. Er zählte durch, 108, 109, 110, 110, 112 … 124 direkte Firstlines hatte er zu bieten. Fast alles Top-Leute, Führungskräfte, die ab der zweiten Karrierestufe aufwärts allein verantwortlich ihr Geschäft vorantrieben und auf die er sich auch deshalb zu 100 Prozent verlassen konnte. Sie garantierten ihm inzwischen die Freiheit, die er immer herbeigesehnt hatte und für die er sich so angestrengt hatte. Das war die Freiheit, die man nur hier im Network-Geschäft erreichen und erleben kann. Aber niemals als Angestellter. 124 Firstlines – das bedeutete Einnahmen aus 124 eigenständigen Geschäften, in denen inzwischen mehrere tausend Partnerinnen und Partner aktiv waren. Aber diese Orgas bedeuteten auch, dass er arbeiten und leben konnte, wie und wo er wollte. Sie machten ihn ungebunden, frei wie einen Falken, ließen ihn schweben wie einen Adler in den Lüften. Und mit jedem Stück, mit dem sie sich selber befreiten, machten sie ihn noch autarker.

Mit dem Tablet unterm Arm, den Zahlen von seinen Kunden und seinen Partnern im Kopf sprang er wie aufgedreht plötzlich aus dem Bürostuhl auf, griff seine Jacke und rannte aus der Tür. Freiheit – er hatte sie und jetzt wollte er sie auskosten, jetzt sofort. Zeit, sich einen Traum zu erfüllen. Wenn nicht heute wann dann? Er schwang sich in seinen Wagen, startete und donnerte mit quietschenden Reifen los. Noch kurz ein Blick auf sein Smartphone, ein Fingertipp, rein ins Internet und …. unglaublich. Er war echt total geflasht in diesem Moment. 25.000 Follower auf Instagram, 20.000 auf Facebook. Wahnsinn! Ein Schauer der Freude und des Glücks durchströmten ihn. Er startete sein Gefährt und sofort erklang Tony Robbins mit seinem Hörbuch „Unlimited Power", was ihn zu Spitzenleistungen motivierte. Er hielt kurz inne, bevor er auf „D" schaltete und das Gaspedal bediente. Andere würden sich so einen Schritt, den er als nächstes vorhatte zu tun, lange überlegen. Er nicht, er war spontan. Und das konnte er sich leisten, denn er war frei … komplett frei.

Nur wenige Minuten später war er am Ziel: Autohaus „Feed the Speed" – das Sportwagen-Zentrum der Stadt. „Guten Tag, was kann ich für Sie tun?", fragte ein schlacksiger Typ im grauen Anzug und mit viel Gel im Haar.
„Am besten das, was man hier so macht – mir ein Auto verkaufen. Aber bemühen Sie sich nicht groß, ich weiß genau, welchen ich will!", sagte er geradeaus.
„Ach ja?"
„Ohh ja, den dort – genauso wie er da steht …!", gab er an und zeigte auf einen

schwarzen Turbo Cabrio aus Zuffenhausen mit Spezialfelgen und Komplettausstattung.

„Der Preis …!", stotterte der Autoverkäufer.

„… ist heiß und passt schon. Ich überweise hier und sofort per Internet. Einzige Voraussetzung: Ich will ein rotes Nummernschild und den Wagen gleich mitnehmen. Meinen Wagen, mit dem ich hergekommen bin, behalten Sie, den gebe ich in Zahlung bei Ihnen. Machen Sie bitte den Vertrag dann fertig und erledigen Sie die Anmeldung. Morgen komme ich dann wieder und dann ist alles erledigt, okay?" Der Verkäufer bekam den Mund vor Staunen gar nicht mehr zu. Was war das denn? So etwas hatte er ja noch nie erlebt. Ein Sportwagen-Kauf innerhalb von wenigen Minuten mit gleichzeitiger Sofortbezahlung. So etwas gab es doch gar nicht. Oder doch, er hatte es ja gerade erlebt.

„Ach, und wenn Sie Menschen mal wirklich weiterhelfen wollen, wenn Sie Ihnen absolut etwas Gutes tun wollen, dann rufen Sie mich gerne an, ich zeige Ihnen wie man andere glücklich oder noch glücklicher macht. Was halten Sie davon?", sagte er und überreichte dem Autoverkäufer seine Visitenkarte. Nur wenig später saß er in seinem neuen Luxus-Sportwagen, roch das feine Leder der Innenausstattung, startete den Wagen auf der linken Seite, um mit kräftig Power und mit rotem Kennzeichen zurück zu fahren. Ja, er fühlte es, er spürte es mit jedem Nerv: Er war frei, endlich komplett und total frei …

Super-Gau: wenn der beste Partner geht

Auf dem Schreibtisch im Büro, auf dem Esstisch zuhause, selbst auf der kleinen Antik-Kommode auf dem Gäste-WC – überall lagen Ausdrucke von aktuellen Umsatzlisten und Strukturbäumen herum. Das waren Tabellen, wie die Umsatzvolumen der einzelnen Partner-Orgas aus allen Ländern in Deutschland und Europa war, welche Karrierestufen sie in Aussicht hatten, wie sie im Ranking bei den Wettbewerben der Company positioniert waren. Immerhin ging es ja auch noch um die Reise nach Cannes an Südfrankreichs Côte d'Azur, wo man exquisit und luxuriös im 5-Sterne-Majestic-Hotel logieren wollte. Und natürlich gaben nicht nur seine Partner ihr Bestes, auch er war mitten dabei – und ging wie gewohnt als Vorbild voran. Gerade tippte er eine WhatsApp als sich Alex neben ihm aufbaute – mit ungewohnt ernster Miene.

„Hast Du mal eine Minute, bitte?", fragte er.

„Klar, komm' wir gehen nach nebenan, da sind wir ungestört!", forderte er seinen Top-Performer mit der umsatzstärksten Orga auf.

„Was liegt an …?", hakte er nach.

„Ich bin raus!", schoss es aus Alex heraus.

„Du bist was? Wo raus?"

„Hier! Ich bin weg. Ich gehe!", sagte Alex in monotoner Stimme.

„Spinnst Du? Das kannst Du nicht machen. Nicht jetzt. Und wieso überhaupt…?" Er merkte, wie in ihm der pure Zorn hochstieg.

„Ach man, es dreht sich alles immer nur um Dich. Ich habe es satt. Ich will endlich die Nummer 1 sein und nicht ständig für Deine Ziele buckeln. Nur, damit Du wieder groß auf der Bühne stehen kannst. Ahh, der Große Macher, der Network-Gott persönlich! Ich kann es nicht mehr ab. Es kotzt mich an. Dein Schatten ist einfach zu groß!", motzte Alex drauflos und hob dabei die Stimme, die merklich lauter wurde.

Mit einem Ruck schlug er die Tür zu. Er wollte nicht, dass die anderen Kollegen von dieser unschönen Unterhaltung etwas mitbekamen.

„So, spüre ich da einen gewissen Neid? Du willst auf die Bühne? Na bitte, dann gehe doch. Mir ist das völlig egal. Wenn Dich das glücklich macht. Und sorry, ja, ich war nun mal früher hier an Bord als Du. Und nur aus diesem Grunde liege ich in der Karrierestufe etwas vor Dir. Na und? Seit wann ist das denn ein Problem für Dich? Du machst doch eh Dein eigenes Ding, baust Deinen eigenen Laden auf. Was hat das denn mit mir zu tun? Wieso stehst Du in meinem Schatten? Völliger Quatsch! Dann hau' auf die Pauke und mache selber Musik, so laut, dass Dich jeder hört. Niemand ist hier, der Dir das verbietet. Tu' es doch einfach!", appellierte er an Alex.

Doch der war schon durch mit seinen Argumenten: „Zu spät. Ich gehe zur anderen Company. Da kann ich sofort oben einsteigen und habe niemanden mehr vor mir. Und mein Team nehme ich mit. Ich habe schon alles klar gemacht. So ist das nun mal. Sorry, alles Gute für Dich – und danke, trotzdem …!", sagte er abschließend, drehte sich um und verschwand aus der Tür.

Er verstand die Welt nicht mehr. Völlig niedergeschlagen und in tiefer Traurigkeit rannte er raus, setzte sich in seinen Sportwagen und raste wie von Sinnen nach Hause. Wenn ihn jetzt die Polizei erwischte – dann Führerschein ade! Auf Nimmerwiedersehen! Der Lappen wäre sicherlich wohl sehr lange zur Kur nach „Bad Flensburg" geschickt worden.

Er schmiss die Haustür zu, dass die Fensterscheiben vibrierten. „So eine Scheiße!", brüllte er. Nein, das war eigentlich gar nicht mehr seine Art Sprachgebrauch, aber treffender konnte er es gerade in seiner Situation nicht aussprechen. Er musste Dampf ablassen. Wie durchgedreht riss er sich Hemd und T-Shirt vom Leibe, ging ins Schlafzimmer und bearbeitete den dort hängenden Sandsack mit derben, harten Faustschlägen. Härter und noch härter schlug er zu, einen Schwinger nach dem nächsten Haken. Noch einen und noch einen. Immer weiter. Sein Kopf war puderrot – vor Wut oder wegen des Blutdrucks, das war jetzt nicht mehr auszumachen. „Du Sausack, Du mieser, blöder Sausack …!", brüllte er und schlug wieder und wieder zu, dabei das Gesicht von Alex vor Augen, den er quasi in Abwesenheit windelweich prügelte.

Völlig ermattet schmiss er sich kurz darauf aufs Sofa. Whisky, das war jetzt die beste und einzige Medizin, die ihm helfen konnte. Die Flasche seines Lieblings-Bourbons war erst frisch geöffnet. Ein Glas … ach was, drauf gepfiffen. Er setzt die Flasche gleich so an und spürte nur Sekunden später, wie ihm der Whisky heiß brennend durch die Kehle floss.

Es war vorbei. „Die ganze Arbeit, die ganze Mühe, die ganze Schinderei – alles für die Katz. Nur weil dieser Kerl nicht mehr loyal war, sein eigenes Ding machen wollte. Und deshalb brach jetzt alles zusammen. Dieser Verräter …!", murmelte er übelst gelaunt vor sich hin. „Wenn ich den noch einmal sehe … Ich war es, der ihn einst aus diesem öden Laden rausgeholt habe …, mir hat er das alles zu verdanken …, ich habe ihn groß gemacht und als Dank kriege ich einen Tritt in den Hintern!"

Hin- und hergerissen war er, schwankte zwischen Wut und Trauer. Immerhin hatte er nicht nur einen Kollegen und nicht nur seinen besten, umsatzstärksten Partner eingebüsst, nein, Alex war bis dahin auch immer ein sehr guter Freund gewesen – dachte er zumindest. Und das tat mindestens genauso weh.

Die halbe Flasche Whisky war schon leer. Die Wirkung ließ nicht lange auf sich warten. Angetrunken verließ er kurz darauf seine Wohnung und fing an um die Häuser zu ziehen. Er startete eine Frusttour – von Kneipe zu Kneipe und kippte dabei alles, was an Hochprozentigem da war in sich rein. Als Resultat wurde sein Gang zunehmend schleppend und torkelnd und der Verlust der Muttersprache setzte auch bald mehr und mehr ein ...

Das Telefon klingelte. Noch etwas verschlafen griff Lisa nach dem Hörer auf ihrem Nachtschrank. Die Seite neben ihr war leer – mal wieder. Das war in den letzten Wochen und Monaten schon fast zur Gewohnheit geworden. Er hatte nur noch sein Business, seine Vision und sein finales Ziel im Sinn. Aber sie war sich sicher, dass auch wieder andere Zeiten kommen würden, wo er Augen und Zeit für sie haben würde. „Ja, bitte?", sagte sie mit leicht belegter Stimme. „... Nein, der ist nicht hier ...! Was? Die Polizei? Was ist denn los?", fragte sie und war plötzlich hellwach. „Um Gottes Willen. Ist etwas Schlimmes passiert? Geht es ihm gut? Na klar, ich komme selbstverständlich. Ich beeile mich ...!", stammelte sie in recht abgehackten Sätzen in den Hörer.

Die Wache in der Innenstadt hatte sich gerade bei ihr gemeldet und ihr mitgeteilt, dass ihr Lebensgefährte völlig betrunken und nahe einer Alkoholvergiftung vor der Wache heute Nacht randaliert hätte. Darum wurde er in Gewahrsam genommen und in die Ausnüchterungszelle gesteckt. Er war wohl mit enormen Kopfschmerzen soeben aus dem Delirium erwacht und hatte darum gebeten, dass man ihr Bescheid geben würde. In Windeseile zog sie sich an und raste mit ihrem Wagen zur Polizeistation. Ein völlig fertiger, angeschlagener Mann trat ihr entgegen. Keine Spur aktuell von dem großen Macher, dem unschlagbaren Networker, dem Visionär und Dreambuilder. Sein Anblick hatte gerade mehr etwas von einem Albtraum ...

Zuhause erzählte er ihr dann, nach Einnahme einer ordentlichen Ladung Aspirin gegen den dröhnenden Kopf und die pochenden Schmerzen an den Schläfen, was gestern – angeblich – passiert war und wie es zu seinem „bemerkenswerten" Absturz kam. „Du hast vor den Polizei-Eingang gepinkelt und dabei rumgebrüllt, dass man Alex das Schwein verhaften solle. Bist Du denn von allen guten Geistern verlassen?", fragte sie ihn in ernstem Ton. Doch schon wenige Augenblicke später konnte sie sich das Lachen kaum noch verkneifen. „Du bist doch ein total Verrückter ...!", grinste sie und nun lachte auch er endlich wieder. „Ich stelle mir gerade vor, wie du da mit runtergelassener Hose vor der Polizei gestanden hast. Ein netter Anblick ...!", prustete sie nun los und auch er lachte lauthals.

Und dennoch – seine Situation war gar nicht so komisch. Was sollte er nur tun? Ohne die Downline von Alex würde es zu knapp werden mit seinem obersten Karrierelevel. Er hatte sich so weit aus dem Fenster gelehnt ...

Knockout auf der Ziellinie

Gut, wenn man Freude hat, die zu einem stehen – vor allem in ernsten Situationen. Dann weiß man nämlich, dass man sie nicht nur Freunde nennt, sondern dass sie auch wirklich Freunde sind. Lenny war so einer. Nicht nur seit vier Jahren Mentor, sondern auch ein echter ehrlicher Freund. „Ich hab' das mit Alex schon gehört. Und das von Deinem Absturz auch. Coole Nummer, die Du da vor der Polizei abgezogen hast!", grinste Lenny.

Er lächelte leicht verlegen, senkte den Kopf und gab zu, einen Fehler begangen zu haben, wenn auch einen, über den man wohl die nächsten Jahre noch schmunzeln konnte. Dennoch konnte er nicht umhin Lenny deutlich zu machen, wie sehr ihn der Weggang von Alex getroffen hatte. Vor allem, weil er nun seine Chancen nicht nur schwinden sah, seine Visionen zu realisieren, sondern seiner Meinung nach war es unmöglich geworden. Er ballte die Fäuste und wollte gerade ...
Da wies ihn Lenny mit ruhiger Stimme auf seine Ergebnisse und Umsatzvolumen

hin. Nüchtern, sachlich und in aller Ruhe nahm er seinen Freund zur Seite und zeigte ihm anhand der vielen Listen und Ausdrücke auf, wie sein tatsächlicher Stand war und wie grandios sich sein ohnehin extrem gutes Produktvolumen noch weiter nach oben entwickelt hatte. Und dann kam sein entscheidender Satz: „Du kannst das Ding auch ohne die Struktur von Alex rocken. Wenn Du die bisherige Pace in den restlichen Teams hältst, dann klappt das – und zwar jetzt schon in der ersten Jahreshälfte, denn Du bist von der Struktur her mega-breit aufgestellt. Dann kannst Du die Performance in der danach folgenden Jahreshälfte schon bestätigen!", erklärte Lenny

Er blickte Lenny mit offenem Mund an. Gerade kam er aus dem Staunen kaum noch raus, so positiv überrascht war er. Liste für Liste gingen sie gemeinsam durch. Inzwischen hatte er schon europaweit knapp 10.000 Partner aufgebaut, Menschen, die sich seinem Movement begeistert angeschlossen hatten. Und – er stand mit seinem motivierten Team sogar kurz davor in die elitäre Top-Ten der Europe-League zu kommen. Mit aller Vehemenz redete Lenny auf seinen Top-Performer ein und machte ihm mehr als deutlich, dass er noch lange nicht verloren hatte. Ganz im Gegenteil, die Aussichten seine Ziele, seine Visionen zu realisieren, standen mehr als gut und günstig. Und langsam war er wieder da: Dieser Gewinnerblick seines Freundes. Sein Mindset war wieder zurechtgerückt. Er war wieder in der Spur, in der Gewinner-Spur.

Mittags war er schon wieder back to business. Nein, der üble Abgang von Alex war noch nicht vergessen. Aber der Trauer war jetzt pure Wut und viel Motivation gewichen und dazu eine gehörige Portion Trotz. Und genau das machte er seinen Partnern deutlich. Auch wenn sie jemanden auf ihrem Weg verloren hatten, jemand, der ihnen und ihren Träumen nicht mehr folgen wollte, aber dennoch war das Ziel immer noch in greifbarer und erreichbarer Nähe. Und genau das sagte er seinem Team – per Sprachnachricht, per Textnews, persönlich und per Internet-Call und animierte sie dabei weiter Vollgas zu geben, ihre eigenen Ziele, Umsätze und Karrierelevel im Fokus zu behalten und zu realisieren, indem sie so viel andere Menschen mit auf ihren Weg nahmen ...

Die nächsten Wochen sollten entscheidend sein. Es ging um Alles oder Nichts, um die berühmte Wurst und die hatte auch diesmal zwei Enden – ein gutes und ein schlechtes. Denn aus einem nationalen Geschäft war inzwischen ein länderübergreifendes Europa-Business erwachsen, das rund um die Uhr aktiv war. Ob Madrid, Barcelona oder Lissabon, ob Paris, Marseille oder Stockholm, ob Warschau, Prag oder Paderborn – sie waren mit ihrem Network-Geschäft immer und beinahe überall zuhause, aktiv und in Action. War es in London 9 Uhr morgens, war es in Berlin schon 10 und in Athen bereits 11 Uhr, es gab also jederzeit genug zu tun.

Noch drei Tage, sie lagen mehr als gut im Rennen. Nichts konnte eigentlich mehr schief gehen. Er fühlte es. Das Umsatzpolster musste mehr als genügend sein. Vor allem, weil das Network-Drama rund um Alex in letzter Sekunde doch noch eine halbwegs gute Wendung genommen hatte. Zwar war er wie angekündigt gegangen, hatte aber „nur" ein paar Leute aus seinem Team zu guter Letzt zum Mitgehen überreden können. Der Großteil des Teams blieb.
Sie standen loyal zu ihm – aber nicht zu Alex. War das seine Rettung? Er war sich sicher.
Da durfte wohl nichts mehr anbrennen. Sein Ziel, das höchste Karrierelevel sollte erreicht und eine große Anzahl seiner Partner sollten ebenso belohnt werden und in der Karriereleiter ein spürbares Stück weiter hochklettern. Die Arbeit und der Einsatz hatten sich gelohnt.

Dann war es soweit – der Tag der Wahrheit: Er hatte er für seine engsten und wichtigsten Leader im Team ein kleines Get together organisiert, ein paar Snacks, Häppchen und der Champagner war kaltgestellt. „Schließlich erreicht man ja nur einmal die allerhöchste Karrierestufe des Unternehmens – und zudem kommt dies auch nicht allzu häufig vor, weil eben nicht jeder diesen langen Atem und die nachhaltige Power besitzen – selbst Schuld, denn machbar ist es, für jeden!", sagte er sich selbst.

Nur noch wenige Augenblicke, dann sollte feststehen, dass er und sein Team es gepackt hatten. Bestimmt mit einem sensationellen Ergebnis. Er fieberte dem Mo-

ment entgegen. Jetzt war er doch aufgeregt. Er spürte sein Herz rasen und im Magen wurde ihm leicht mulmig zumute. Dann war es soweit. Noch zwei, noch eine Sekunde – und nichts ging mehr. Geschafft! Die Stimmung war am kochen, ausgelassen, voller Freude, Jubelgeschrei. Er wurde beglückwünscht, man klopfte ihm auf die Schultern und Lisa fiel ihm um den Hals. „Du bist der Größte, Du hast es geschafft! Ich liebe Dich …!" und kaum hatte sie das gesagt, wurde die Stimmung noch ausgelassener … Die Partnerinnen und Partner hoben die Gläser, ließen ihn hochleben, stimmten Sprechchöre an und skandierten dabei immer wieder seinen Namen.
Plötzlich kam Marion auf ihn zu, das Smartphone am Ohr und sagte ihm, dass Lenny draußen steht und ihn dringend sprechen wolle. Stimmt, Lenny, den hatte er ja noch gar nicht heute abend hier entdeckt...

Mit zwei Gläsern Schampus bewaffnet ging er raus, wo Lenny mit gesenktem Kopf an seinem Auto lehnte. „Hey, mach jetzt nicht schlapp, jetzt wird gefeiert!", munterte er seinen Mentor auf. Doch der regte sich kaum, sondern reichte ihm wortlos eine ausgedruckte Liste. Etwas beklommen ergriff er die und überflog die vielen Zahlen, Aufstellungen und Tabellen. „Das kann doch nicht sein. Das ist doch unmöglich!", stammelte er.
„Doch, 25 Punkte beim Umsatzvolumen fehlen Dir zum Glück. Man kann auch sagen, ihr seid am großen Ziel vorbeigeschrammt. Es tut mir so leid, wirklich. Für Dich und für Dein ganzes Team ...!", sagte Lenny niedergeschlagen und konnte es selbst kaum fassen.

Wie sollte er das seinem Team beibringen? Sie hatten alles gegeben, jeden Tropfen Schweiß und die letzte Energie geopfert, mehr war einfach nicht drin. Sie waren nicht ans Limit gegangen, sondern viel weiter drüber. Sogar den Abgang von Alex und seinen paar Leuten hatten sie wettgemacht. Doch es nützte nichts – die Zahlen lügen nicht. 25 Punkte Umsatzvolumen, 25 lächerliche Punkte … Wie sollte er das seinem Team sagen? Vor allem den ganzen Partnerinnen und Partnern in Europa? In einem Call? Nein, das kriegte er nicht übers Herz. Vielleicht per Text-Message, aber nicht live vor all den enttäuschten Gesichtern und er merkte, wie ihm die Tränen in die Augen schossen. Schöne ungerechte Welt.

„Es tut mir so leid!", hauchte Lisa ihm wenig später ins Ohr und schmiegte sich eng an ihn. „Du hast so hart gekämpft. Was tust Du jetzt?"
„Ich weiß es ehrlich gesagt nicht!", gestand er offen ein und hielt dabei einen Brief in der Hand. Es war ein verlockendes Angebot eines neuen Network-Marketing-Unternehmens, dass er ein paar Wochen zuvor schon erhalten hatte. Eigentlich hatte er es gar nicht weiter beachtet. Warum auch, er war doch glücklich und zufrieden mit dem was er tat, mit seinem Team, mit dem Produkt und dem Karriereplan. Aber dennoch hatte er das Schreiben auch nicht weggeworfen. War es sein 7. Sinn? Hatte er es insgeheim als Rückversicherung bewahrt, falls doch etwas mit seinem angestrebten Ziel nicht so funktionieren sollte, wie er es sich vorgestellt hatte? Sicher sein Name war in der Branche inzwischen kein unbekannter mehr. Auch andere hatten mitbekommen, wozu er und sein Team in der Lage waren, was für eine hervorragende Performance sie zu leisten imstande waren. Es hatten sich sechs sehr hohe Führungskräfte aus komplett unterschiedlichen Network-Unternehmen zusammengetan und hatten eine neue Company gegründet oder besser gesagt, sie wollten eine gründen. Man hatte ihn in dem Brief gefragt, ob er Interesse hätte dabei zu sein. Er wäre dann Partner der ersten Stunde, ein Founding-Member. Okay, das alles war bis heute kein Thema. Aber ehrlich gesagt, frage er sich, ob es jetzt nicht doch eine Option wäre?

Lisa war wie vor den Kopf geschlagen. „Du willst aufgeben, stimmt's?", brachte Lisa es auf den Punkt.
„Nein, wieso aufgeben. Völliger Blödsinn!", blaffte er sie an. „Red' kein dummes Zeug. Aber ich renn' doch bei uns ständig gegen Wände. Mal bricht eine Struktur weg, mal fehlen 25 Punkte. 25 ... Und hier in der neuen Company könnte ich gleich ganz oben einsteigen. Dann wäre der Krampf und auch der Kampf vorbei und alles würde viel lockerer laufen. Das Produkt von denen ist gar nicht mal so schlecht und außerdem ...!"
„Hör' auf ...!", unterbrach sie ihn lauthals. Und war zugleich von sich selbst überrascht. In so einem Ton hatte sie mit ihm nicht mehr gesprochen, seit er ihr vor

über vier Jahren gesagt hatte, dass er in die Network-Industrie ein- und aus seinem herkömmlichen Job aussteigen wollte. „Das bist doch nicht Du! Seit wann läufst Du vor einer Herausforderung weg? Ich erkenne Dich gerade gar nicht mehr wieder. Es würde Dich verrückt machen, wenn Du dieses eine letzte Level nicht selber meisterst und die stattdessen woanders geschenkt bekommst. Das würde ewig an Dir und Deinem Ego kratzen. Gib es doch zu. Du liebst doch dein Geschäft, Du liebst Dein Team, Du liebst Dein Produkt und alles, was mit Deinem Business und der Company zusammenhängt. Das willst Du doch nicht wegen dieser 25 fehlenden Punkte beim Umsatzvolumen auf einmal alles aufgeben. Das glaube ich Dir nicht und außerdem – was wird mit Lenny? Willst Du so sein wie Alex und ihn auch so hängen lassen?", ereiferte sie sich.

Er war sprachlos. So hatte er sie noch nie erlebt, nicht so wild und tiefgründig emotional, nicht so offen für ihn engagiert. Und – sie schlug auf sein Gewissen ein, auf seine eigenen Beweggründe. Sie war einfach fantastisch. Er liebte sie.

Plötzlich schien die Welt still zu stehen. Nichts drehte sich mehr. Keine Erde um die Sonne, kein Mond um die Erde ... einfach völliger Stillstand. Er schloss nur noch die Augen, lächelte, hielt das Schreiben in den Händen. Sie blickte ihn an, spürte die beinahe gespenstische Stille und diese außergewöhnliche, diese Spannung, die jederzeit zu zerreißen drohte. Jetzt – er schlug die Augen wieder auf, sein Blick mit den großen, blau umrandeten Pupillen schauten sie an, durchdrangen sie. „Danke!", hauchte er sanftmütig, und im selben Moment zerriss er das Angebotsschreiben der neu zu gründenden Company, richtete sich ruckartig auf und umfasste ihr zartes Kinn. Sanft küsste er sie auf ihre weichen Lippen und sagte nur noch leise: "Recht hast Du! Du hast absolut Recht! Meine Vision zählt und zusammen mit meinem Team werden wir sie erfüllen und noch viele, viele andere mit auf unsere wunderbare Reise nehmen! Und danach heiraten wir – wenn Du mich willst ...!", lächelte er und der Glanz in seinen Augen kam schlagartig zurück

Die letzte Stufe zum Olymp

Ich spüre, dass in uns noch eine Menge Energie steckt und wir darauf brennen, noch mehr Menschen mit auf unsere Reise zu nehmen. Denn wir haben das, was sie dringend brauchen – unsere Solutions, unseren Support. Daher möchte ich Euch alle fragen, weil ich das nicht allein entscheiden kann. Denn nur wenn ihr alle mitzieht, geht was und ist was möglich. Seid Ihr dabei?", fragte er auffordernd. Alle seine Führungskräfte waren im Call versammelt. Dazu waren knapp 270 internationale Partner aus ganz Europa live zugeschaltet. Es herrschte eine einmalig knisternde Stimmung. Neuer Aufbruch war zu spüren, Tatendrang und Freude am Tun zugleich. Er versuchte in den vielen Gesichtern etwas zu erkennen, jede Mimik, jedes noch so kleine Zwinkern mit den Lidern zu deuten ... aber noch erkannte er keine eindeutige Tendenz darin, wohin die Reise sie alle führen würde ...

Die letzte Nacht, Lisas aufrüttelnde Worte – all das hatte in ihm neue Reserven freigesetzt. Es ist halt oft die Macht der dritten Person, die mehr bewirkt als alles andere. Ob bei einer Niederlage oder bei Ratschlägen – es gilt die Meinung eines vermeintlich Außenstehenden oftmals mehr als von jemandem, der direkt in Abläufe involviert ist. Es ist der mögliche Blick über den berühmten Tellerrand.

Lisa hatte mit Ihrem Appell bei ihm ins Zentrum des Schwarzen getroffen, mitten rein ins Business-Herz. Weil sie ihn kannte, weil sie in ihm lesen konnte wie in einem Buch und weil Ehrlichkeit zwischen ihnen immer ein wichtiger Faktor war. Keine Geheimnisse – das hatten sie sich von dem Tag an geschworen, an dem er sie mit seinem Anruf zu sich zurückgeholt hatte. Ja, er hatte – genauso wie sein Team – wieder alles gegeben, und sie hatten nichts, oder fast nichts erreicht. Auf alle Fälle nicht das eigentliche, das anvisierte Ziel. Aber deshalb war noch nichts vergeblich. Er hatte beim steilen Slalom zur Realisierung seiner Visionen die ersten Stangen und Tore nicht gut genommen, aber das Rennen hatte er deshalb noch lange nicht verloren. Im Gegenteil. Sein Drive, sein Schwung, sein Elan, das waren seine motivierten, engagierten, einzigartigen Partnerinnen und

Partner, aber auch die unzähligen Produktnutzer. Mit all ihnen zusammen würde es gelingen. Und, nicht zu vergessen, er war in den letzten Jahren mehr und mehr zu einem versierten, ambitionierten und mit allem nötigen Know-how ausgestatteter Network-Professional geworden. Einer, der mit Hingabe und ebenso Spaß seinen Beruf liebte, lebte und 24 Stunden am Tag verkörperte. Und daher galt halt für ihn die Losung: Was einmal geht, klappt immer wieder! Network-Profis können es immer und überall jederzeit wieder tun, denn sie sind es, die Mindset und Skills besitzen.

Genau das sagte er jetzt auch seinem Team: „Ihr habt den Plan, ihr habt das Können, die nötigen Fähigkeiten und Kompetenzen. Und ihr habt die richtige Einstellung die Siegermentalität. Ihr alle seid einzigartige Menschen mit Träumen und mit Visionen. Wir zusammen sind als Team eine Einheit, die aus diesen Träumen Realität machen wird. Und genau darum werden im nächsten Jahr auf unserer großen Convention die Zuschauer ein Bild auf der Bühne sehen, das sie niemals vergessen werden: Euch! Euch am Ziel Eurer Wünsche und Träume!"

Für den Bruchteil einer Sekunde war es mucksmäuschenstill. Keine Regung, kein Ton. Aber dann ... „Making people happy!", riefen seine Leader und selbst aus den Lautsprechern der Monitore war der Jubel und die Lust zu hören.
Ob aus dem Süden oder Norden Europas, ob aus Belgien oder Tschechien, aus Norwegen oder Italien war Beifall und Aufmunterung zu hören. Das Mindset bei allen stimmte, es war justiert und fixiert.
„Wir alle kennen unser Visionboard und wir wissen, welche Aktivitäten dazu notwendig sind, dieses zu realisieren. Aber behalten Sie dabei das große Ganze im Auge, damit Tagesbefindlichkeiten niemals eine Rolle spielen. Wir sind zusammen auf einer Mission, auf einer großen Reise und diese Mission wollen wir zusammen erfüllen. Sie heißt: Lasst uns die Welt ein erhebliches Stück besser machen, indem wir die Menschen glücklicher machen. Wie schaffen wir das? Indem wir ihnen unser Produkt präsentieren und danach so viele von ihnen wie nur möglich sponsern, sie in unseren Circle mit aufnehmen und ihnen die gleiche Chance bieten, die auch wir alle genutzt haben. Um diese Mission geht es, diese

Mission, dieser Auftrag treibt uns an. Sie, und Sie … und mich dazu …!", erhob er seine Stimme, die dank moderner Technik in ganz Europa zu vernehmen war.

Sie wussten wie es geht, hatten sie es doch auch beim letzten Mal geschafft, jedenfalls fast … bis auf lächerliche 25 Punkte beim Umsatzvolumen. Über fünf Monate hatten sie Zeit. Fünf lange Monate. Das waren gut 20 Wochen, oder auch 140 Tage. 140 Tage und zugleich 140 Nächte, in der sie das große Rad im Network-Business drehen konnten. Und sie gaben alles und noch viel mehr. Stetig wuchs die Zahl der Partner und der Produktnutzer. Immer neue, immer weitere Daten und Produktionsvolumen wurden eingegeben. Dazu wurden beinahe im Sekundentakt Bilder hochgeladen, gepostet, Anfragen gestellt, Kontakte geknüpft, Angebote versendet und auch auf Instagram oder Facebook ging es nicht anders zu. Auf allen Laptops, Desktops, Tablets wurde getippt, geklickt, kommentiert und geliked. Die Smartphones waren in vollem Einsatz.

Vier Monate ging es so ununterbrochen weiter. Von der klar definierten Mission angepowert und von ihr in die richtige Richtung gezogen, taten sie alle, was getan werden musste. Und diesmal sollte es klappen, nicht ein einziger Kunde, nicht ein Cent Umsatz sollten diesmal fehlen ….

Vom Gespött zur Bewunderung

Es ist wie eine Lawine. Ein kleiner Krümel Eis, ein Nichts löst etwas Kleines aus, einen winzigen Energieschub, der etwas mit sich zieht. Daraus wird ein Schneeball, der ins Rollen gerät und dann mehr und mehr Schnee an sich reißt und so zur großen Kugel wird. Diese ist nicht mehr an Kraft aufzuhalten, sie lässt Schneebretter brechen, reißt neue Energie mit sich und löst zunehmend mehr und mehr eine Lawine aus, die eine ungeheure Kraft entwickelt, eine Dynamik, eine Power, die an Energie und Kraft kaum zu beschreiben ist – eine gewaltige Urkraft ist dann unaufhaltsam in Gange. Und auch er hatte so ein Movement, so eine unglaubliche Energiewelle ausgelöst. Sein Wille, seine Lust auf Erfolg, seine Vision von einem anderen Leben, seine Sehnsucht nach Freiheit, sein Drang nach finanzieller Unabhängigkeit, nach ungezügelter Lebensweise und losgelöster Eigenbestimmung, dass alles hatte das möglich gemacht, was er gerade erlebte: Ein Unternehmen, das in ganz Europa tätig war, eine gigantische Bewegung, die in Spanien ebenso zu spüren war wie in Finnland, die von ihm aber zugleich in Polen und in den Niederlanden gesteuert wurde, einer Idee, der man sogar im fernen Lettland anhing und für die man im Schwarzwald ebenso kämpfte wie in Hamburg. Von Oslo bis nach Lissabon realisierten Frauen und Männer mission driven ihre und auch seine Ziele. In Rom, Venedig und Neapel liefen die Smartphones ebenso heiß wie in Helsinki, Riga oder Tallin. In Barcelona wurden die Tastaturen der Laptops genauso von heißen Fingerkuppen bearbeitet wie in Nizza oder Bordeaux. Faro und Porto meldeten gleichsam sensationelle Umsatzvolumen aus Portugal und in Brüssel, Brügge und Anderlecht ratterten die nächsten bemerkenswerten Zahlen ein, wie die Werte aus Amsterdam, Den Haag und Lichtenstein. Ganz Europa war in Bewegung. Sein Movement hatte tausende von Frauen und Männern inspiriert, hatte sie bewegt, motiviert und inspiriert.

Plötzlich saß er nur da. Um ihn herum eine surreale Kulisse, die er für einige Momente kaum wirklich wahrnahm. Er kam sich vor, als ob sein Kopf in einem Bienenstock stecken würde und Millionen fleißiger Arbeitsbienen um ihn herumsurren und -schwirren. Kurz dachte er zurück an die Momente seines Starts. Was hatten sie ihn ausgelacht und sogar beschimpft. Ihn verdächtigt, dass er einer Sekte anhängen würde, die ihm den Kopf verdreht hätte. Man hatte ihn davor angeblich schützen wollen, sein Leben wegzuwerfen, falsch zu planen, in eine falsche Richtung zu rennen. Von Hirngespinsten und infantilen Lächerlichkeiten war die Rede, andere wollten ihn aus seinen Träumen aufwecken, ihn in die angebliche Realität zurückholen. Und immer wieder drohten sie ihm, dass er auf Nepper, Schlepper und Bauernfänger reingefallen sei und dass er bloß froh sein solle, einen Job als Angestellter zu haben. Und diesen malten sie ihm in den buntesten, schillerndsten und prächtigsten Farben. Sie hatten es alle angeblich besser gewusst, hatten ihn beeinflussen wollen und hätten es beinahe geschafft, die Chance seines Lebens zu vergeuden. Sie hatten keine Ahnung, keine Kenntnisse und doch wollten sie alles besser wissen und ihm seine Visionen zerstören. Zweifel – die größte Gefahr gegen Erfolg und Selbstvertrauen – hatten sie versucht in ihm zu säen. Und beinahe wäre diese giftige Saat auch aufgegangen. Aber er hatte sich dagegengestemmt, hatte sich gewehrt. „Deine Zukunft steht auf dem Spiel!" – das war der einzig wahre Satz, den sie ihm gesagt hatten, allerdings war der anders gemeint. Ja, seine Zukunft stand damals wirklich auf dem Spiel. Denn hätte er auf sie gehört, wäre genau das eingetreten, wovor er Angst hatte: Er wäre weiter ein kleiner Angestellter geblieben, ein Befehlsempfänger für einen gefrusteten Abteilungsleiter, einer, der um Urlaub und einen freien Tag hätte betteln müssen, dem man weiter vorgeschrieben hätte, wann er sich in einer 45-minütigen Pause erholen dürfe, wann er kreativ und wann er gehorsam zu sein hätte, jemand, der morgens ab 8 Uhr sein Gehirn und sein eigene Personality an der Garderobe abgegeben hätte. Er wäre ein graues Nichts geblieben, einer, der in totaler Abhängigkeit gefrustet gelebt hätte, dem man Arbeit geben aber auch wieder wegnehmen hätte können. Heute sorgte er selber für seine Arbeit, sorgte für sein Einkommen und war für sein ganzes Leben selber verantwortlich. Er zahlte nicht in ein völlig kaputtes, marodes Rentensystem ein, bei dem fremde Politiker, die er eh nicht wegen ihrer oftmals mangelnden Kompetenz ernst nehmen konnte, bestimmten, wie hoch seine Beiträge sind und die sich dreist an dem Lohn seiner Arbeit bedienten. Nein, er war auf dem richtigen Weg, er hatte so ziemlich alles richtig gemacht – vor allem, weil er Menschen wirklich vertraut hatte, diejenigen, auf die er sich am meisten verlassen konnte: seine vielen Partner und sich selbst! Auf sein Mindset konnte er vertrauen!

Plötzlich spürte er, wie jemand ihn an der Schulter rüttelte. „Unsere Platin-Upline, Franz Schinke persönlich ist für Dich am Telefon!", raunte ihm Lenny ins Ohr und hielt ihm sein Smartphone hin.
„Jaa?", meldete er sich, frisch aus seinen Gedanken gerissen.
„Ich weiß nicht, wie sie das gemacht haben, aber ich wollte nicht versäumen Ihnen jetzt schon einmal meinen allergrößten und ehrlichen Respekt zu zollen. Es ist sensationell, was Sie und Ihr ganzes Team für eine Leistung abrufen. Ihre Performance ist outstanding. So etwas muss einfach einmal anerkannt und gesagt

werden und ich dachte ich mir, ich rufe Sie persönlich an. Leider hatte ich bisher Ihre Nummer nicht, aber die habe ich mir jetzt von Lenny Meier geben lassen. Noch einmal: Herzlichen Glückwunsch. Geben Sie das bitte auch an Ihr Team weiter. Und – wir sehen uns auf der nächsten Convention, und die wird etwas ganz Außergewöhnliches, das kann ich Ihnen jetzt schon versprechen. Genau die richtige Bühne für Sie und Ihr Team!", hörte er Franz Schinke noch sagen, dann machte es Klick, und das Gespräch war beendet.

Am Ziel: Vorbild sein und Lifestyle leben

Er saß zusammen mit Lenny im „Le chic", der Szene-Lounge direkt am Stadtsee, die sich abends zum angesagten Club wandelte. In der Hand eine handgedrehte, zwei Zentimeter dicke und 18 Zentimeter lange Zigarre, ein edles Stück, das sie beide gerade genüsslich pafften. Lenny grinste und fragte ihn, ob er etwas über die nächste Convention wüsste – insbesondere über den Veranstaltungsort. Nein, er wusste nichts. Aber die Frage und wie er dabei die Stimme hob, machte ihn stutzig. Jetzt wollte er mehr wissen, denn er merkte, dass sein Mentor ihn extra auf die Folter spannte, in ihm eine Begehrlichkeit nach mehr Informationen ausgelöst hatte. Er bohrte intensiver nach, drängte Lenny unaufhörlich, bis dieser endlich mit einem verschmitzten Lächeln das Geheimnis lüftete: „Ich sag nur: Stadion! Kein Witz! Wir gehen diesmal in die FC-Arena. 20.000 Leute, was für eine Kulisse und es kommen Partner aus ganz Europa. Das wird ein Spektakel, wie es noch nie eines gegeben hat!", geriet Lenny schon jetzt ins Schwärmen. „Genau das Richtige für Deinen Auftritt, mein Freund ...!"

Oh man, 20.000 Menschen im Publikum. Auftritt im Stadion! Da war sie wieder – die Nervosität, wie einst, als er das erste Mal vor rund 1.000 Leuten in einer kleinen Halle seinen ersten Auftritt hatte. Ja, er hatte viel geleistet, hatte viel erreicht, aber ein Auftritt vor so einer Masse an Menschen, das flößte ihm doch erheblichen Respekt ein. Und mit jedem Tag, der ihn näher an das Mega-Event brachte, wuchs die Aufregung und die Gänsehaut überzog ihn mehr und mehr ...

Fieberhaft arbeitete er an seiner Rede, legte sich die richtigen Worte zurecht. Sein Outfit hatte er sich vorsichtshalber lieber gleich von einem Profi zusammenstellen und anfertigen lassen. Sein Herrenausstatter hatte das richtige Tuch, den richtigen Cut, den richtigen Look und alles andere passend kombiniert: Lackschuhe, handgenäht, die Seidenkrawatte aus Frankreich, den Stoff für den maßgeschneiderten Anzug von einem italienischen Tuchmacher, das weiße Oberhemd mit breiten Manschetten, dazu Knöpfe, beim Goldschmied für ihn angefertigt mit seinen Initialen. Nur der Duft, der war so normal und üblich wie er ihn seit vielen Jahren schon trug. Den liebte er und dem blieb er treu – auch wegen Lisa, die diesen Duft an ihm so sehr mochte. Er war rausgeputzt – dem Anlass entsprechend.

Und dann war es soweit: Der Tag der Tage war da, der Tag, der nach seiner Geburt wohl der wichtigste, der wertvollste in seinem Leben sein sollte. Er war am Ziel, angekommen in dem höchst möglichen Karrierelevel seines Unternehmens. Mehr ging nicht! Und genau deshalb würde heute eine Show stattfinden, ein Spektakel, das seines gleichen suchen müsste. Heute stieg eine Show, dass es nur so eine Freude war. Und ganz Europa schaute zu. Denn alle Partner der Company, die auch dank ihm inzwischen zu den Top-Ten im Network-Business gehörten, waren per Live-Stream zugeschaltet. In allen Chaptern und Dependancen in Europa waren LED-Wände, Leinwände und Screens eingeschaltet, um die Übertragung auf größtmögliche Flächen zu projizieren. Schon am Tag zuvor hatte man sich größtenteils im Top-Hotel der Stadt getroffen. Die Top-Führungskräfte – national und international – wurden vom Flughafen mit Limousinen-Service abgeholt und chauffiert. Und auch heute wurden sie entsprechend vornehm und mit allem erdenklichen Luxus versehen ins Stadion taxiert.

30.000 Leute saßen auf den Rängen und in den Logen. Die führenden Köpfe in den Boxen, wo Delikatessen vom Feinsten gereicht wurden, die anderen ihrer Karrierestufen entsprechend auf ihren Plätzen. Und er? Er gehörte in wenigen Augenblicken zum erlesenen Kreis der Top-of-the-Tops. Immer wieder tupfte er sich den Nacken mit seinem Seidentuch ab. Er schwitzte – vor Aufregung. Draußen hörte er die Menge skandieren. Immer und immer wieder riefen Sie in Sprech-

chören den Namen der Company. Und stets erklang die eigens für dieses Event komponierte Hymne, die einen vor lauter Drive und Rhythmus durch Mark und Bein ging, wenn ein Programmteil zum nächsten wechselte.
„Bist Du bereit?", fragte Lenny ihn, der wie aus dem Nichts neben ihm aufgetaucht war. „Wie damals vor jetzt fünf Jahren!", dachte er zurück. „Als er mich an der Bushaltestelle angesprochen hatte …!"
Lenny merkte, dass sein Freund mehr als nervös war. „Weißt Du noch, was ich Dir damals nach dem Erreichen der ersten Karrierestufe prophezeit habe? Wir machen aus Männern echte Herren, und aus Herren werden bei uns Gentlemen. Und Du bist sogar noch einen ganzen Schritt weiter gegangen. Aus einem Träumer ist ein Visionär und toller Geschäftsmann geworden und aus diesem ein sensationeller Unternehmer und Network-Marketing Professional. Ich bin so stolz auf Dich!", lachte er.
Ja, er hatte recht. Den jungen Mann, den er einst angesprochen hatte, weil er ihm positiv aufgefallen war, der hatte eine lupenreine Metamorphose durchlebt. Eine Wandlung, die den Zauber des Network-Marketing-Business mit sich zieht. Das ist die Magie des Geschäfts, die Frauen und Männer, die sich hier etablieren, die sich hier engagieren und auf ihren Weg fokussieren, durchströmt und sie formt. Networker bilden ihre Personality – und die von anderen, sind die Inkarnation der Steigerung von „gut" über „besser" bis hin zu perfekt. Sie haben erst Vorbilder und gestalten sich dann selbst zu Vorbildern um. Network-Marketing ist die ökonomische Gegenwart und die Zukunft, es ist die Kraft und die Stärke der Weltwirtschaft, einer der wichtigsten Economy-Faktoren im gesamten Getriebe, und jeder kann dabei das größte Zahnrad im Antrieb werden.

Dann war es soweit: Sein Auftritt! Und der war an Show und Impression kaum zu toppen. Denn im Stadion wurde sein Name gerade vom Moderatoren-Duo, die sonst die großen Samstagabend-Shows im Privatfernsehen moderieren, angekündigt. Dazu stieg er hinter den Kulissen in die edelste Elektro-Limousine mit vier Türen und offenem Cabriodach ein. Ein Fahrzeug, das es offiziell noch gar nicht auf dem Markt und erst recht noch nicht auf den Straßen gab. In dem Luxuswagen saß auch schon Franz Schinke und erwartete ihn. Und als ob das nicht bereits als Surprise und Ehre genügte – der Chauffeur war auch nicht ohne: Lenny Meier persönlich hatte die Freude seinen Freund und einen der „Big Ten" aus dem Top-Management der Company ins Stadion zum roten Teppich zu fahren.

Langsam rollte die 350-PS-starke Traum-Karosse voran und tauchte wenig später im Scheinwerferlicht des Stadions auf. Stück für Stück fuhr sie Richtung Bühne. Queens Hymne „We are the Champions" schmetterte aus den Marshall-Boxen, aber die 20.000 auf den Rängen übertönten die Musik noch mit ihrem Gesang. Ihm wurde ganz anders, das Blut sackte ihm fast in die Beine. Das konnte doch nicht wahr sein. Er, hier, in diesem Auto, mit Lenny am Steuer, Seite an Seite mit Franz Schinke, vor so vielen Leuten. 20.000 Menschen, die ihn feierten, die ihn hochleben ließen, die ihn bewunderten und jetzt anfingen seinen Namen wie einen frenetischen Sprechgesang im Chor zu rufen. Im Takt, im Rhythmus hörte er, wie sie ihn riefen, wie sein Name durch die Lüfte getragen wurde – lauter, lauter, immer lauter drangen die Sprechchöre an sein Ohr. Es war ein Märchen, ein Wunder, etwas noch niemals Dagewesenes, alles weit weg, jenseits seiner Vorstellungskraft. Absolutely magic!

Das schnittige E-Car stoppte. Lenny stieg aus, zog eine mit dem Teamnamen beschriftete Cap und öffnete für ihn die Wagentür. Das war zu viel. Er drehte sich um und nahm seinen Mentor vor allem Leuten hier im Stadion in die Arme. „Ich danke Dir, für alles, Du bist wirklich ein Freund, mein Freund, für immer ...!", flüsterte er Lenny ins Ohr und drückte ihn fest an sich, bevor er mit ziemlich wackeligen Beinen begann, den roten Teppich zur Bühne hin entlangzuschreiten. Plötzlich ein Knall, noch einer, noch einer und noch einer. Feuerwerk und Pyrotechnik begleiteten ihn. Konfetti flog durch die Luft. Grell-bunter Feuerwirbel dazu! Die Queen-Hymne wurde um noch ein paar Dezibel lauter und ein Blitzlichtgewitter begann. Klar, die örtliche Presse war auch vor Ort, allen voran die Fotografen und Reporter vom Company-eigenen Hochglanz-Magazin „Victory", dass jeden Monat beinahe die „Heilige Schrift" für alle Networker des Unternehmens war. Er poste, winkte, genoss den Augenblick. Hände in die Hüften, breites Lächeln, dass seine weißen Zähne im Blitzlichtgewitter funkelten. Die Fotos mussten gut werden. Denn er wusste, dass der beste Schuss zum Starschnitt-Poster im „Victory-Magazin" genutzt werden sollte. Vier Ausgaben mit je einem Viertel des Bildes von ihm zum Sammeln. Und am Ende ergab es ein überlebensgroßes Poster von ihm – einem der erfolgreichsten Networker Europas ...

„Ich habe die große Ehre heute einen Mann zu ehren, der Einzigartiges mit seinem Team geleistet hat. Der ein Händchen hat, Visionen in die Köpfe der Menschen zu pflanzen und sie zu wahrhaftigen Leadern zu formen und der ein geniales Momentum aufgebaut und genutzt hat, um bis hierher zu kommen. Jemand, der Ziele wahr macht und seine Ziele erreicht, indem er sich auf seinen Weg konzentriert und dabei seine Visionen scharf fokussiert. Er ist einer der erfolgreichsten Partner Europas und damit einer der erfolgreichsten Networker unserer genialen Branche. Begrüßen Sie daher mit mir unseren neuen Platin-Träger mit Diamant ... !" Und schon ging sein Name im tosenden Applaus und Jubelrufen der 20.000 auf den Rängen im Stadion unter. Wieder und wieder jubelten sie ihm in Sprechchören zu. Er reckte die Arme in die Luft. Seine Mundwinkel erreichten beinahe seine Ohrläppchen, so breit lachte er aus innigster Freude. Er merkte kaum, als ihm Frank Schinke die Auszeichnung und Erfolgs-Insignien ans Revers steckte und ihm dabei hingebungsvoll und voller Anerkennung die Hand schüttelte. Kurz blickte er sich um. Wo waren Sie? Noch ein Blick und dann hatte er sie endlich im Auge: Auf der Ehrenloge. Da saßen sie. Seine Lisa – und seine Eltern. Stolz, glücklich und nun doch zufrieden über das, was ihr Junge erreicht hatte. Und wahrscheinlich auch ein bisschen beschämt, dass sie ihm diesen Werdegang nicht wirklich zugetraut hatten. Aber vergessen und verziehen: Sie kannten ja nichts anderes als die Plagerei und die Unfreiheit als Angestellter. Niemals hatten sie vom süßen Nektar des Unternehmertums und der damit verbundenen Freiheit gekostet. Er lächelte ihnen zu, winkte in ihre Richtung und trat dann an das Rednerpult. Mit leicht zitternder Hand holte er sein Redemanuskript aus der Innenseite seines Jackets hervor, faltete es auseinander und begann zu lesen ...

„Meine sehr verehrten Damen und Herren, verehrte Leader, ja, es ist mir ... eine Ehre ... und ich ... Die Zeilen begannen vor seinen Augen zu schwimmen, Ablesen? Heute? Er merkte, dass es das nicht war. Das passte nicht. Er musste seinem Herzen Luft machen, frei von der Seele reden, so, wie er es mit Herzblut und Leidenschaft in jedem Call gemacht hatte, um die Menschen zu erreichen, um sich in ihre Köpfe und Herzen zu reden. Er blickte kurz auf, stockte, lächelte und auf einmal knüllte er seine Zettelsammlung und die Rede, an der er wochenlang gearbeitet hatte, vor aller Augen und vor dem Mikrofon zusammen, so dass das Rascheln laut durch die Stadionanlage ertönte.

„Was Sie hier gerade erleben, ist nicht die Ehrung eines Mannes, ist nicht der Moment, wo sie auf mich blicken und denken: Toll, das möchte ich auch einmal erleben! Vergessen Sie das einfach. **Denken Sie es nicht, sondern tun Sie es.** Stellen Sie sich vor, Sie alle würden hier heute stehen. Sie, und Sie und Sie. Sie alle sind doch hier angetreten, um hier zu stehen und nicht dort zu sitzen. Also tun Sie es. Denn Sie sind dafür verantwortlich, dass Sie hier als nächstes stehen. Atmen Sie tief ein und nehmen Sie diesen Spirit, der hier heute herrscht mit. Er ist es, der uns die Kraft gibt, das zu tun, was nötig ist. Und mehr ist es nicht. Positiver Spirit ist durch nichts ersetzbar – außer durch noch mehr Spirit. Tun Sie das, was getan werden muss, um hier zu stehen. Wenn Sie ein Auto fahren wollen, müssen Sie den Zündschlüssel umdrehen. Und genau das tun Sie dann auch. Wenn Sie verreisen möchten, buchen Sie eine Reise – Sie tun es. Und wenn Sie Hunger haben, dann essen Sie, weil sie es tun müssen. Sie wissen doch selber, was zu tun ist, um diese unendliche Freiheit unserer fantastischen Network-Branche zu erleben und zu genießen. Sie wissen es! Der Karriereplan sagt es Ihnen ganz genau. Also starten Sie und tun Sie es. Starten Sie Ihr Movement und erfüllen Sie Ihre Mission! Stellen sie sich die Frage, was es sie kostet größer zu denken. Richtig, absolut nichts! Draußen warten Millionen Menschen auf Sie, die Ihre Hilfe benötigen, die auf Ihre Lösungsangebote warten. Nicht morgen und nicht übermorgen! Heute! Jetzt! Mehr ist es nicht. Das allein zählt. Werden Sie eins mit ihrer Aufgabe, identifizieren Sie sich zu 100 Prozent mit dem, was sie tun und gehen Sie raus und machen Sie Ihre Träume wahr, lassen Sie ihre Visionen real werden. Unser einzigartiges Network-Marketing macht es möglich! Denken Sie dabei immer daran: Sie sind der Repräsentant dessen, was Sie tun! You are the product of the product!

Und genau all diese Produkte der Produkte bat er jetzt auf die Bühne – sein engstes Team. Denn alle konnte er nicht um sich scharen. Zu viele Partnerinnen und Partner folgten in ganz Europa seinem Movement, seiner Mission, die sie auch zu ihrer eigenen gemacht hatten. Noch kannte er sie noch nicht einmal alle persönlich. Aber das würde sich in den nächsten Wochen und Monaten wohl ändern. Denn er hatte einen Plan, ein neues Vorhaben: Er wollte in jedes Land reisen und dort mit seinen Crews jeweils persönliche Meetings machen. Eine Europareise innerhalb eines Unternehmens, dass er aufgebaut hatte, dank des Systems, dank der sich bietenden Möglichkeiten und der Chance, die ihm angeboten und die er allen Unkenrufen zum Trotz ergriffen hatte ... Winkend stieg er von der Bühne, schüttelte gefühlt Tausenden die Hände, ließ sich drücken und herzen und immer wieder klopfte ihm jemand auf die Schulter. „Macht es selber, macht es bloß alle selber ... denn Ihr könnt das alle genauso wie ich... werdet frei und nutzt die einmalige Chance, die Network-Marketing heißt!", schoss es ihm immer wieder bei seinem Gang durch den Kopf, als er plötzlich vor einer jungen Frau stand, die ihn mit leuchtenden Augen, in denen er einen ganz außergewöhnlichen Glanz entdeckte die schlanke Hand reichte und ihn beglückwünschte.

„Eine beeindruckende Leistung. Meinen Glückwunsch. Aber ich habe bisher noch nicht einmal richtig ihren Namen verstanden, der ging immer im Jubel unter. Wie bitte heißen Sie denn?", fragte sie forsch, aufgeschlossen und wissbegierig zugleich ...

Er lächelte sie an, neigte seinen Kopf an ihr Ohr und flüsterte: „Sie kennen mich nicht? Das ist wahr ... ich bin der **Network-Shootingstar!**"

Bist Du Networker, Vertriebler oder vielleicht sogar der nächste Shootingstar der Branche?

Wie auch immer – ob Anfänger, Network-Interessierter oder Network-Marketing-Professional – auf unserer Seite wirst Du garantiert fündig.

Schau vorbei auf www.REKRUTIER.de und trage Dich ein für:

- **die besten Tipps zum Thema Partnergewinnung**
- **die bewährtesten Strategien rund um den Geschäftsaufbau**
- **die neuesten Infos zu Social Media-Recruiting und Onlinestrategien**
- **alles zu den Themen Motivation, profitables Networken und gelebtes Unternehmertum im Businessmodell des 21.Jahrhunderts**

Wir sind die Nummer-1-Supporter der deutschsprachigen Network-Marketing Community und freuen uns riesig darauf, Dich persönlich auf Deinem Erfolgsweg unterstützen zu können.